CORNELIA SCHINHARL

einfach QUICHES

Mit der kostenlosen »GU Einfach Kochen«-App zum Buch hast Du Deine Lieblingsrezepte immer dabei!

Und so einfach geht's:
Lade die kostenlose »GU Einfach Kochen«-App im Apple App Store oder im Google Play Store auf Dein Smartphone. Starte die App und wähle Dein Buch aus. Scanne das gewünschte Rezeptbild mit der Kamera Deines Smartphones. Klicke im Display auf die Funktionen Deiner Wahl: Sammele Deine Lieblingsrezepte und teile sie mit Deinen Freunden, speichere und verschicke Deine Einkaufslisten per E-Mail oder finde ganz einfach den nächsten Supermarkt in Deiner Nähe.

EXTRAS UND SERVICE

18 QUICHES QUERBEET

60 MIT FLEISCH UND FISCH

QUALITÄTS GU GARANTIE

DIE GU-QUALITÄTS-GARANTIE

Wir möchten Ihnen mit den Informationen und Anregungen in diesem Buch das Leben erleichtern und Sie inspirieren, Neues auszuprobieren. Bei jedem unserer Bücher achten wir auf Aktualität und stellen höchste Ansprüche an Inhalt, Optik und Ausstattung. Alle Rezepte und Informationen werden von unseren Autoren gewissenhaft erstellt und von unseren Redakteuren sorgfältig ausgewählt und mehrfach geprüft. Deshalb bieten wir Ihnen eine 100 %ige Qualitätsgarantie.

Darauf können Sie sich verlassen:
Wir legen Wert darauf, dass unsere Kochbücher zuverlässig und inspirierend zugleich sind.
Wir garantieren:
- dreifach getestete Rezepte
- sicheres Gelingen durch Schritt-für-Schritt-Anleitungen und viele nützliche Tipps
- eine authentische Rezept-Fotografie

Wir möchten für Sie immer besser werden:
Sollten wir mit diesem Buch Ihre Erwartungen nicht erfüllen, lassen Sie es uns bitte wissen! Nehmen Sie einfach Kontakt zu unserem Leserservice auf. Sie erhalten von uns kostenlos einen Ratgeber zum gleichen oder ähnlichen Thema. Die Kontaktdaten unseres Leserservice finden Sie am Ende dieses Buches.

GRÄFE UND UNZER VERLAG
Der erste Ratgeberverlag – seit 1722.

KV

Basics
für Deine Lieblingsquiche

1 Die Backform

Die Quiches in diesem Buch kannst Du alle perfekt in einer Springform mit 28 cm Ø backen. Je dunkler die Form, umso besser leitet sie die Hitze weiter, der Teig wird knuspriger. Schwarzblech ist ideal. Tipp: Löse die Quiche vor dem Anschneiden aus der Form. So gibt es keine Kratzer. Wer mag, kann auch eine flachere Tarteform mit 30 cm Ø nehmen. Auch dafür sind die Mengen von Teig und Belag richtig. Der Belag wird allerdings flacher und die Quiche ist ca. 5 Min. früher durchgebacken.

2 Das Backpapier

Zwischen zwei Lagen kannst Du Mürbeteig problemlos ausrollen. Einfach ein Stück Backpapier von der Rolle abreißen, die Teigkugel darauflegen und mit einem zweiten Stück abdecken. Jetzt geht das Ausrollen ganz leicht. Das Papier kannst Du mehrmals verwenden. Einfach falten und mit der Teigrolle im Küchenschrank deponieren. Klarsichtfolie ist übrigens nicht gut geeignet, sie »verwurschtelt« schnell.

3 Die Teigrolle

Zeitlos schön und praktisch ist die Teigrolle aus Holz, die auch »Rollholz« oder »Nudelholz« genannt wird. An Rollen aus Alu oder Silikon bleibt Teig weniger haften, ein Vorteil für alle, die ihn nicht zwischen Papier ausrollen. Willst Du öfter mal Quiche für mehrere auf dem Backblech machen? Dann kauf am besten eine Rolle mit hochklappbaren Griffen. Damit kannst Du den Teig direkt auf dem Blech ausrollen und kommst bis an den Rand.

5 Der Backofen

Jeder tickt anders! Deshalb kann die Backzeit variieren. Der eine Ofen heizt oben mehr als unten, der andere wird hinten heißer als vorne. Und ob er die eingestellte Temperatur wirklich erreicht, kannst Du nur mit einem speziellen Thermometer überprüfen. Am besten immer rechtzeitig nachschauen, wie es um die Quiche bestellt ist. Dazu den Küchenwecker auf 5–10 Min. vor der angegebenen Zeit einstellen.

4 Die Reibe

Fertig geriebener Käse aus der Tüte schmeckt fad. Wenn Du aromatischen Geschmack für Deine Quiche wünschst, kaufst Du Käse am Stück und reibst ihn frisch. Nimm dafür eine normale Raspel, eine spezielle Käsereibe oder die lange schmale Universalreibe mit dem praktischen Griff. Mit der kannst Du auch Zitrusschalen abreiben oder Muskatnuss, Ingwer und Meerrettich fein zerkleinern.

Top 5
für 1-a-Quiche-Qualität

1 Mehl

Sein Klebereiweiß sorgt dafür, dass der Teig Struktur bekommt, also zusammenhält und elastisch wird. Viel Klebereiweiß haben Weizen-, Dinkel- und Kamutmehl. Es spielt dabei keine Rolle, ob das Mehl weiß oder dunkel ausgemahlen ist. Wenn Du Vollkornmehl nimmst, gib etwas mehr Flüssigkeit (ein paar Teelöffel Wasser oder Milch) zum Teig. Ob weiß oder dunkel: Qualität ist wichtig. Nicht unbedingt zur billigsten Packung greifen!

2 Butter

Sie sorgt beim Mürbeteig für das typische Aroma und den Knuspereffekt. Du kannst sie durch Margarine ersetzen, aber: Der Teig hat mit Butter einfach viel mehr Geschmack. Im Supermarkt kannst Du wählen zwischen der milderen Süßrahm- und der intensiver schmeckenden Sauerrahmbutter. Sie sollte auf jeden Fall frisch sein: Ranzige Butter gehört nicht in den Teig, sondern in den Abfall!

3 Eier

Damit sie den Teig saftig machen und dem Belag Stabilität geben, müssen sie vor allem frisch sein. Wenn die Eier dann noch von einem Huhn aus Freilandhaltung kommen, ist beste Qualität garantiert. Ein Bio-Ei hat auf der Schale eine 0, eines aus Freilandhaltung eine 1. Das Mindesthaltbarkeitsdatum liegt bei genau 28 Tagen nach dem Legetag. Älter soll das Ei auf keinen Fall sein! Die meisten Eier wiegen zwischen 53 und 63 g (Gewichtsklasse M). Und die haben wir für fast alle Rezepte verwendet.

4 Sahne & mehr

Süße Sahne macht den Belag mild und cremig, saure bringt eine leichte Säure ins Spiel. Bei der süßen Sahne muss es nicht die klassische mit 30 % Fettgehalt sein. Du kannst auch die fettärmere »Sahne zum Kochen« verwenden. Saure kannst Du durch Crème fraîche (fettreicher und dadurch noch geschmacksintensiver) ersetzen. Quark (heißt auch Schichtkäse oder Topfen) darf mager oder vollfett sein. Ebenfalls möglich: Ricotta oder Frischkäse.

5 Käse

Kein Muss, aber fast in jeder Quiche dabei! Käse gibt dem Belag Halt und vor allem Geschmack. Weiche Sorten wie Butterkäse, junger Gouda, Mozzarella oder Taleggio und Fontina machen das Quiche-Obenauf cremig und mild. Sie werden gewürfelt, weil sie sich nicht gut reiben lassen. Reife Hartkäse wie Greyerzer, alter Bergkäse und Parmesan haben würzigen Geschmack und kommen frisch (!) gerieben am besten zur Geltung. Kräftiges Aroma bringen Gorgonzola und Schafskäse (Feta) mit.

Mürbeteig

wunderbar knuspriger Klassiker

Zubereitungszeit: **ca. 15 Min.**
Kühlzeit: **ca. 1 Std.**
Pro Portion (bei 6): **ca. 290 kcal**

Für 1 Quiche (4–6 Personen)
225 g Mehl
120 g kalte Butter*
1 TL feines Salz
1 Ei (Größe M)
Außerdem:
Backpapier
Springform (28 cm Ø)

*Je feiner die Butter desto feiner der Teig! Denn sie gibt dem Teig am meisten Geschmack. Und je mehr Butter im Teig ist, desto mürber wird er.

Das Mehl und die Butter abwiegen, Salz und Ei bereitlegen. Das Mehl mit dem Salz auf der Arbeitsfläche oder einem Backbrett mischen. Die Butter grob würfeln und darauflegen.

Das Ganze jetzt mit einem großen schweren Messer kreuz und quer durchhacken, bis die Butter klein gewürfelt ist.

Das Ei zugeben und alles mit kühlen Händen (vorher kalt abspülen und abtrocknen) von außen nach innen zu einem glatten Teig verkneten. Falls der noch zu trocken ist, tropfenweise eiskaltes Wasser zugeben.

Den Teig zu einer Kugel formen. Ein Stück Backpapier auf die Arbeitsfläche legen, den Teig in der Mitte platzieren und mit einem Stück Papier bedecken. Dann den Teig mit der Teigrolle in Größe der Form ausrollen.

Hast Du schon genug gerollt? Zum Prüfen den Formboden auflegen!

Von der Mitte nach außen rollen, dabei immer wieder die Richtung ändern. So wird der Teig gleichmäßig rund. Wenn er am Rand größere Risse zeigt, das obere Papier abziehen und die Risse »flicken«. Den Teig danach weiter ausrollen.

Das obere Papier abziehen, den ausgerollten Teig in die Form stürzen, das untere Papier ablösen. Einen gleichmäßig hohen Rand – ca. 3 cm – hochziehen. Den Teig in der Form mindestens 1 Std. in den Kühlschrank stellen.

Ein Teig – viele Möglichkeiten

MÜRBETEIG MIT AROMAKICK

* **1 EL frisch geriebener Käse** (z. B. Hartkäse wie Parmesan oder Grana Padano) im Teig macht den Mürbeteig nicht nur würziger, sondern auch ganz besonders knusprig.
* **Mediterrane Zutaten** wie Kräuter oder Oliven passen zu Quiche mit Gemüse sehr gut. Also mal 2 TL gehackten Rosmarin, Thymian oder Oregano oder 1 EL gehackte Oliven mit unter den Teig kneten.
* **Beim Mehl** gibt es ebenfalls Spielraum: Einen Teil kannst Du durch geriebene Nüsse austauschen, z. B. Walnüsse oder Mandeln. Und auch mit Vollkornmehl – Weizen oder Dinkel – lässt sich Mürbeteig gut machen. Da Vollkornmehl ein bisschen mehr aufquillt, einfach 1–2 EL eiskaltes Wasser mit unter den Teig kneten.

AHA! MÜRBETEIG KANN MAN RÜHREN!

* **Ja, das geht auch!** Dann musst Du weiche Butter verwenden. Und die Butter und das Ei sollten möglichst dieselbe Temperatur haben. Beide also mindestens 30 Minuten vorher aus dem Kühlschrank nehmen! Die Butter würfeln und mit dem Ei in die Rührschüssel geben. Beides mit den Rührbesen des Handrührgerätes so lange durchrühren, bis die Butter heller wird und schön cremig aussieht. Jetzt kommen Mehl und Salz dazu, und ab jetzt wird auch wieder geknetet. Den Teig kannst Du dann aber nicht gleich ausrollen, dazu ist er noch zu weich. Verpacke ihn in Klarsichtfolie und lege ihn ca. 1 Std. in den Kühlschrank.

IMMER MIT DER RUHE!

* **Nach dem Backen nur nicht hudeln ...**
  Auch wenn die Quiche noch so appetitlich duftet, solltest Du unbedingt noch ca. 10 Min. warten mit dem Anschneiden. In dieser Zeit setzt sich nämlich die Flüssigkeit noch ein wenig und läuft deshalb nachher beim Schneiden nicht aus. Außerdem schmeckt die Quiche am besten, wenn sie nicht mehr knallheiß ist.

Mit frischen Kräutern bestreut sieht die Quiche gleich besser aus!

AAAAAAH – HILFE!

* **Der Teig bricht beim Ausrollen!**
  Du hast ihn wahrscheinlich zu lange geknetet oder die Zutaten waren nicht kühl genug. In beiden Fällen bildet sich zu viel Kleber im Teig. Rettung: 1 zusätzliches Eiweiß unter den Teig kneten. Dann hält das Ganze gut zusammen.
* **Plötzlich rennt die Zeit davon ...**
  ... und Deine Freunde stehen gleich vor der Tür. Und Du sollst doch den Teig noch 1 Std. kühlen. So geht's auch: Teig in der Form ca. 10 Min. ins Gefrierfach legen.
* **Zeit vergessen ...**
  ... und die Quiche ist verbrannt?
  Dann schneide alle dunklen Stellen auf der Oberfläche großzügig ab und zu dunklen Teig natürlich auch. Den Rest in Stücke schneiden und mit frischen Kräutern bestreuen.

Quark-Öl-Teig

die schnelle Alternative zu Mürbeteig

Zubereitungszeit: **ca. 15 Min.**
Pro Portion (bei 6): **ca. 230 kcal**

Für 1 Quiche (4–6 Personen)
125 g Magerquark*
5 EL neutrales Öl
225 g Mehl
1 Ei (Größe M)
1 TL Salz
1 gestrichener TL Backpulver
Außerdem:
Springform (28 cm Ø)
Fett für die Form
Mehl zum Arbeiten

Quark, Öl und Mehl abmessen und mit dem Ei, Salz und Backpulver bereitlegen. Der Quark soll nicht zu feucht sein. Lass ihn in einem Sieb kurz abtropfen. Die Form fetten.

Zum Verrühren am besten den Schneebesen nehmen!

Den Quark mit dem Salz, dem Öl und dem Ei in einer Schüssel gut verrühren. Das Mehl mit dem Backpulver mischen. Die Hälfte davon unter den Quarkteig rühren.

* Du kannst auch jeden anderen Quark verwenden, sogar Sahnequark. Und auch Schichtkäse oder Topfen sind bestens geeignet.

Übriges Mehl dazugeben. Nun alles auf die leicht bemehlte Arbeitsfläche umfüllen und mit den Händen zu einem glatten geschmeidigen Teig verkneten. Aber nicht länger kneten als nötig! Der Teig wird sonst klebrig.

Den Teig zu einer Kugel formen, wieder auf die bemehlte Arbeitsfläche legen und mit der Teigrolle rund ausrollen. Dabei immer von innen nach außen rollen und die Richtung häufig wechseln, damit er rund wird.

Wenn der Teig an der Teigrolle festklebt, bestreu sie mit ein bisschen Mehl. Den Formrand oder die Form zwischendurch mal locker auf den Teig legen und so überprüfen, ob die Größe schon passt.

Dann den Teig in die Form legen und einen ca. 3 cm hohen Rand hochziehen. Dabei den Teig mit den Fingern gut an den Rand drücken, damit er nicht abrutscht.

Quark-Öl-Teig – da geht noch mehr!

AUSTAUSCHEN ERLAUBT!

* **Auch mit dunklem Mehl** aus Weizen oder Dinkel gelingt Quark-Öl-Teig super. Das Vollkornmehl quillt aber etwas mehr auf, wenn es mit feuchten Zutaten gemischt wird. Lass den Quark deshalb vorher nicht abtropfen. Und eventuell noch teelöffelweise Milch unterrühren.
* **Das Öl** gibt dem Teig nicht nur Geschmeidigkeit, sondern auch Geschmack. Davon darf es mal mehr sein: Zu Gemüse passt Olivenöl statt neutralem Öl sehr gut, und bei einem cremigen Belag aus Milchprodukten und Käse kannst Du auch einmal mit Nussöl experimentieren.
* **Gewürze** bringen zusätzliches Aroma an den Teig: Geröstete und mittelfein zerstoßene Koriandersamen, Kümmel (vor allem bei Zwiebelquiche), Curry (zu Gemüse) oder 1 Prise Chiliflocken sorgen für Abwechslung.

AHA! NOCH EIN PAAR TEIG-TIPPS:

* Im Gegensatz zum Mürbeteig, der viel Fett enthält, muss die Form beim Quark-Öl-Teig gut gefettet werden. Nimm dafür unbedingt Butter. Mit Öl bepinselt rutscht der Teig am Rand ab.
* Quark-Öl-Teig ähnelt Hefeteig, ist nur viel schneller gemacht. Wenn er schön mild sein soll, eignen sich neutral schmeckende Öle wie Sonnenblumen- oder Erdnussöl für die Zubereitung.
* Beim Unterkneten vom zweiten Teil des Mehls nimmst Du am besten die Hände. Das geht am schnellsten. Wenn Du das aber nicht magst, mach weiter mit dem Handrührgerät. Einfach von den Rührbesen zu den Knethaken wechseln.

AM BESTEN GLEICH GENIESSEN!

* *Kann ich eine Quark-Öl-Teig-Quiche lange aufheben?*
  So saftig und knusprig der Quark-Öl-Teig gleich nach dem Backen ist, so schlapp kann er schon einen Tag später in der Form liegen. Deshalb die Quiches mit diesem Teig möglichst am selben Tag essen.
* *Und wenn doch mal was übrig ist?*
  Reste in kleine Stücke – z. B Quadrate – schneiden und im Ofen bei 200° in 5–10 Min. nochmals aufbacken. Die Stückchen schmecken sehr gut als kleiner Snack zum Aperitif.
* *Kann ich die Quiche-Reste auch einfrieren?*
  Klar, wenn es die Reststücke nicht gleich geben soll, kannst Du sie einfrieren. Dann gefroren in den auf 200° vorgeheizten Ofen geben und ca. 10 Min. auftauen und aufbacken. Oder bei Zimmertemperatur auftauen lassen und dann kurz aufbacken.

Nimm zum Schneiden am besten das große Brotmesser!

AAAAAH – HILFE!

* **Der Teig klebt beim Ausrollen!**
  Dann hast Du den Quark wahrscheinlich nicht lang genug abtropfen lassen. Einfach noch ein bisschen mehr Mehl unter den Teig kneten. Teelöffelweise, damit es nicht plötzlich zu viel wird.
* **Die Quiche lässt sich nicht richtig schneiden!**
  Ist der Teig sehr knusprig und die Füllung weich, schneidest Du die Quiche am einfachsten mit einem Messer mit Wellenschliff in Stücke. Und immer schneiden und nicht einfach nur drücken!

Und dazu?
Taufrische Anmacher à la Saison!

IM FRÜHLING WAS FRISCHES:

* *Kopfsalat mit Radieschen*
  Für 4 Personen: **1 Salatkopf** putzen, die äußeren Blätter und den Strunk entfernen. Übrige Blätter ablösen, in stehendem kalten Wasser schwenken und in der Salatschleuder gut trocken schleudern. Die Blätter in Stücke zupfen. **1 Bund Radieschen** waschen, Blätter und Wurzelansatz entfernen und die Radieschen in feine Scheiben schneiden. **1 Handvoll Kerbel** waschen, trocken schütteln und von den Stielen zupfen. Für die Salatsauce **1 TL süßen Senf** mit **Salz, Pfeffer** und **2 EL Weißwein- oder Apfelessig** verrühren. **4 EL Sonnenblumen- oder Rapsöl** unterschlagen. Alle Zutaten in einer Schüssel locker mit der Sauce mischen und abschmecken.

IM SOMMER WAS LEICHTES:

* *Tomaten-Gurken-Salat*
  Für 4 Personen: **1 Salatgurke** waschen und schälen. (Bio-Gurke nur waschen.) Die Enden abschneiden. Die Gurke in knapp 1 cm große Würfel schneiden. **400 g reife, feste Tomaten** waschen und ebenso würfeln. **1 kleines Bund Rucola** waschen und trockenschütteln, alle dicken Stiele abknipsen und den Rucola mittelgrob hacken. Für die Sauce **2 EL Aceto balsamico** mit **½ TL Honig, Salz** und **Pfeffer** gründlich verrühren. **5 EL Olivenöl** mit einer Gabel zu einer cremigen Sauce unterschlagen. Mit Gurke, Tomaten und Rucola mischen. Salat abschmecken.

IM HERBST VIEL AROMA:

* *Feldsalat mit Kernöl*

  Für 4 Personen: **150 g Feldsalat** in stehendem kalten Wasser gründlich waschen. Wenn der Salat sandig oder erdig ist, musst Du das ein paar Mal machen. Dann in der Salatschleuder gut trocken schleudern. Für die Sauce **1 TL scharfen Senf** mit **½ TL Apfeldicksaft** (oder Ahornsirup), **Salz** und **Pfeffer** verrühren. **2 EL Apfelessig** unterrühren, dann nach und nach mit einer Gabel **2 EL neutrales Öl** und **3 EL Kürbiskernöl** unterschlagen, bis die Sauce cremig ist. Wer mag, kann jetzt noch **1 säuerlichen Apfel** vierteln, schälen und das Kernhaus ausschneiden. Den Apfel in dünne Schnitze schneiden, mit dem Feldsalat und der Sauce mischen und abschmecken. Eventuell noch ein paar **Kürbiskerne** anrösten und darüberstreuen.

DER WINTER WIRD FEINHERB:

* *Radicchio-Orangen-Salat*

  Für 4 Personen: Von **1 Kopf Radicchio** die äußeren Blätter und den Strunk entfernen. Übrige Blätter ablösen, in stehendem kalten Wasser schwenken und in der Salatschleuder gut trocken schleudern. Blätter in Stücke zupfen. **2 Orangen** – besonders fein sind Halbblutorangen wie Tarocco – schälen, vierteln und in dünne Scheiben schneiden. Möglichst alle Kerne dabei herauslösen. Für die Sauce **2 EL Rotweinessig** mit **1 TL flüssigem Honig, Salz** und **1 Prise Chiliflocken** verrühren. **5 EL Olivenöl** nach und nach unterschlagen, bis die Sauce cremig ist. Mit dem Radicchio und den Orangen mischen und abschmecken. Mit gerösteten **Pinienkernen** bestreuen.

QUICHES QUERBEET

Lauchquiche

basic – nicht nur für Beginner

Zubereitungszeit: **ca. 35 Min.**
Kühlzeit: **ca. 1 Std.**
Backzeit: **ca. 45 Min.**
Pro Portion (bei 6): **ca. 540 kcal**

Für 4–6 Personen
Für den Mürbeteig:
225 g Mehl
1 TL Salz
125 g kalte Butter in Würfeln
1 Ei (Größe M)
Für den Belag:
1 kg Lauch
1 EL Butter
Salz
Pfeffer
je 100 g Crème fraîche und Sahne
2 Eier (Größe M)
100 g frisch geriebener Käse
(z. B. Greyerzer oder Comté)
Außerdem:
Backpapier
Springform (28 cm Ø)

1. Aus dem Mehl, dem Salz, der gewürfelten Butter und dem Ei mit den Händen einen glatten Teig kneten. Den Teig zu einer Kugel formen, zwischen zwei Stücke Backpapier legen und zu einer runden Teigplatte in Größe der Form ausrollen (s. S. 8, 9).

2. Die Springform mit dem Teig auskleiden, dabei einen 3 cm hohen Rand formen. Den Teig in der Form 1 Std. kühl stellen.

3. Inzwischen für den Belag vom Lauch die Wurzelenden und die welken grünen Teile wegschneiden. Die Stangen der Länge nach aufschneiden und unter dem fließenden kalten Wasserstrahl gründlich waschen, auch zwischen den Schichten. Den Lauch quer in knapp 1 cm breite Streifen schneiden.

4. Die Butter in einer breiten Pfanne zerlassen, den Lauch einrühren und bei mittlerer Hitze unter Rühren 5–6 Min. dünsten. Er soll dabei geschmeidig werden, aber nicht bräunen.

5. Den Lauch salzen, pfeffern und lauwarm abkühlen lassen. Den Backofen auf 180° vorheizen. Die Crème fraîche mit der Sahne und den Eiern mit dem Schneebesen verrühren, salzen und pfeffern. Den Käse und den Lauch untermischen.

6. Die Lauchmischung auf dem gekühlten Teig verteilen. Die Quiche im heißen Ofen (Mitte) ca. 45 Min. backen, bis der Belag schön gebräunt ist. Herausnehmen, am besten noch 10 Min. ruhen lassen, dann in Stücke schneiden und servieren.

Der Klassiker, der mit jedem Gemüse schmeckt!

Tomatenquiche mit Feta

umwerfend gut mit aromatischen Sommertomaten

Zubereitungszeit: **ca. 45 Min.**
Kühlzeit: **ca. 1 Std.**
Backzeit: **ca. 40 Min.**
Pro Portion (bei 6): **ca. 570 kcal**

Für 4–6 Personen
Für den Mürbeteig:
225 g Mehl
1 TL Salz
125 g kalte Butter in Würfeln
1 Ei (Größe M)
Für den Belag:
500 g feste Tomaten
1 dünne Stange Lauch
300 g Schafskäse (Feta)
Salz
200 g Crème fraîche
2 Eier (Größe M)
Cayennepfeffer
Außerdem:
Backpapier
Springform (28 cm Ø)
Basilikumblättchen zum Bestreuen

1. Aus dem Mehl, dem Salz, der gewürfelten Butter und dem Ei mit den Händen einen glatten Teig kneten. Den Teig zu einer Kugel formen, zwischen zwei Stücke Backpapier legen und zu einer runden Teigplatte in Größe der Form ausrollen (s. S. 8, 9).

2. Die Springform mit dem Teig auskleiden, dabei einen 3 cm hohen Rand formen. Den Teig in der Form 1 Std. kühl stellen.

3. Für den Belag die Tomaten waschen, die Stielansätze mit einem spitzen Messer wie einen Keil herausschneiden. Die Tomaten in dünne Scheiben schneiden. Vom Lauch das Wurzelende und die welken grünen Teile wegschneiden. Die Stange der Länge nach aufschneiden und unter dem fließenden kalten Wasserstrahl gründlich waschen, auch zwischen den Schichten. Lauch quer in feine Streifen schneiden. Den Schafskäse in dünne Scheiben schneiden.

4. Den Backofen auf 200° vorheizen. Den Schafskäse und die Tomaten lagenweise auf den gekühlten Teigboden schichten, dabei jede Lage mit ein paar Lauchstreifen bestreuen und die Tomaten leicht salzen. Die Crème fraîche mit den Eiern mit dem Schneebesen verrühren und mit Salz und Cayennepfeffer abschmecken. Auf der Tomaten-Käse-Schicht verteilen.

5. Die Quiche im heißen Ofen (Mitte) ca. 40 Min. backen, bis sie gebräunt ist. Herausnehmen, am besten noch 10 Min. ruhen lassen, dann in Stücke schneiden und mit Basilikumblättchen bestreuen.

Ein bisschen Italien, ein bisschen Griechenland.

Ratatouille-Quiche

Ratatouille-Quiche

schmeckt nach Urlaub in Südfrankreich

Zubereitungszeit: **ca. 1 Std.**
Kühlzeit: **ca. 1 Std.**
Backzeit: **ca. 45–50 Min.**
Pro Portion (bei 6): **ca. 570 kcal**

Für 4–6 Personen
Für den Mürbeteig:
225 g Mehl
1 TL Salz
125 g kalte Butter in Würfeln
1 Ei (Größe M)
Für den Belag:
1 Aubergine (ca. 300 g)
1 Zucchino (ca. 200 g)
1 rote oder gelbe Paprikaschote (ca. 180 g)
8 Zweige Thymian
1 Zweig Rosmarin
4 Salbeiblättchen
4 EL Olivenöl
Salz
Pfeffer
2 Frühlingszwiebeln
100 g Cocktailtomaten
150 g Crème fraîche
2 Eier (Größe M)
150 g Ziegenfrischkäse (Rolle)
Außerdem:
Backpapier
Springform (28 cm Ø)

1. Aus dem Mehl, dem Salz, der gewürfelten Butter und dem Ei mit den Händen einen glatten Teig kneten. Den Teig zu einer Kugel formen, zwischen zwei Stücke Backpapier legen und zu einer runden Teigplatte ausrollen (s. S. 8, 9).

2. Die Form mit dem Teig auskleiden (s. Info), einen 3 cm hohen Rand formen. Den Teig in der Form 1 Std. kühl stellen.

3. Inzwischen für den Belag das Gemüse waschen. Von der Aubergine den Stielansatz und vom Zucchino die Enden abschneiden. Aubergine und Zucchino klein würfeln. Die Paprika halbieren, Stiel und Trennhäute mit den Kernen herauslösen (s. oben links). Paprika würfeln.

Warum und wieso ...

... muss ich die Form nicht fetten? Zumindest bei Quiches mit Mürbeteig ist das nicht nötig. Denn der Teig wird mit so viel Butter gemacht, dass er ausreichend Fett enthält und deshalb nicht am Formboden oder den Rändern kleben bleibt.

4. Die Kräuter waschen und trocken schütteln, die Blättchen abzupfen bzw. abstreifen und fein schneiden.

5. 2 EL Öl in einer Pfanne erhitzen. Klein geschnittenes Gemüse darin bei starker Hitze unter Rühren 4–5 Min. braten. Die Kräuter kurz mitbraten. Das Gemüse mit Salz und Pfeffer abschmecken und in eine Schüssel umfüllen.

6. Von den Frühlingszwiebeln die Wurzelbüschel und die welken grünen Teile abschneiden. Die Zwiebeln waschen und in feine Ringe schneiden. Die Tomaten waschen und vierteln. Die Crème fraîche mit den Eiern mit dem Schneebesen verrühren, salzen und pfeffern.

7. Den Backofen auf 180° vorheizen. Die Gemüsemischung mit den Tomaten, den Zwiebelringen und der Eiercreme verrühren und auf dem gekühlten Teig verteilen. Den Ziegenkäse in Scheiben schneiden und darauflegen (s. oben rechts). Mit übrigem Öl (2 EL) beträufeln.

8. Die Quiche im heißen Ofen (Mitte) 45–50 Min. backen, bis der Belag schön gebräunt ist. Herausnehmen, am besten noch 10 Min. ruhen lassen und heiß oder lauwarm servieren.

VARIANTE AUS ITALIEN: BUNTE MOZZARELLAQUICHE

Für 1 Quiche (Springform mit 28 cm Ø) ca. **700 g Auberginen, Zucchini** und **rote oder gelbe Paprikaschoten** waschen, wie beschrieben putzen und in kleine Stücke schneiden. Zusammen mit **1–2 getrockneten zerkrümelten Chilischoten** in **2 EL Olivenöl** unter Rühren 4–5 Min. braten. Dann die Blättchen von 1 kleinen Bund Basilikum waschen, fein hacken und statt der genannten Kräuter mit **100 g halbierten Cocktailtomaten** unter das Gemüse mischen, mit **Salz** abschmecken. **2 Eier** mit **150 g Ricotta** und **2 EL frisch geriebenem Parmesan** verrühren und mit dem Gemüse mischen. Statt Ziegenkäse **150 g (Büffel-)Mozzarella** in Scheiben schneiden und auf die Quiche legen. Die Quiche mit **2 EL Olivenöl** beträufeln und wie links beschrieben backen.

Zucchini-Tomaten-Quiche

mit Oliven und Thymian im Teig – für noch mehr Aroma!

Zubereitungszeit: **ca. 45 Min.**
Kühlzeit: **ca. 1 Std.**
Backzeit: **ca. 45 Min.**
Pro Portion (bei 6): **ca. 530 kcal**

Für 4–6 Personen
Für den Mürbeteig:
2 EL schwarze Oliven
1 TL getrockneter Thymian
225 g Mehl | 1 TL Salz
125 g kalte Butter in Würfeln
1 Ei (Größe M)
Für den Belag:
500 g Zucchini
1 EL Olivenöl
Salz | Pfeffer
250 g Cocktailtomaten
250 g Taleggio
100 g Crème fraîche
1 Ei (Größe L)
Außerdem:
Backpapier
Springform (28 cm Ø)

1. Für den Teig das Olivenfleisch vom Stein schneiden und sehr fein hacken. Den Thymian zwischen den Fingerspitzen leicht zerreiben. Aus Mehl, Salz, der gewürfelten Butter, den Oliven, dem Thymian und dem Ei mit den Händen einen glatten Teig kneten.

2. Den Teig zur Kugel formen, zwischen zwei Stücke Backpapier legen und zu einer runden Teigplatte ausrollen (s. S. 8, 9).

3. Die Springform mit dem Teig auskleiden, dabei einen 3 cm hohen Rand formen. Den Teig in der Form 1 Std. kühl stellen.

4. Für den Belag die Zucchini waschen. Die Enden abschneiden. Zucchini quer in ca. 1 cm dicke Scheiben, dann in ebenso breite Streifen schneiden. Das Öl in einer großen Pfanne erhitzen. Zucchini darin bei starker Hitze unter Rühren 3–4 Min. braten, bis sie leicht braun sind. Salzen, pfeffern und aus der Pfanne nehmen.

5. Den Backofen auf 180° vorheizen. Die Tomaten waschen und halbieren. Den Taleggio ohne Rinde klein würfeln. Die Crème fraîche mit dem Ei, Salz und Pfeffer mit dem Schneebesen verrühren, den Taleggio untermischen.

6. Die Zucchini auf dem gekühlten Teig verteilen, die Tomaten dazwischenlegen. Die Käsemischung darauf verteilen. Die Quiche im heißen Backofen (Mitte) ca. 45 Min. backen, bis sie schön gebräunt ist. Herausnehmen, am besten noch 10 Min. ruhen lassen, in Stücke schneiden. Heiß oder lauwarm servieren.

Ganz unkompliziert mit Blätterteig aus dem Kühlregal!
SALT

Zwiebel-Oliven-Quiche

genial für vorneweg und zwischendurch

Zubereitungszeit: **ca. 35 Min.**
Backzeit: **ca. 20 Min.**
Pro Portion (bei 6): **ca. 410 kcal**

Für 4–6 Personen
1 fertig ausgerollter runder Blätterteig (ca. 32 cm Ø)
500 g Zwiebeln
3 EL Olivenöl
2 TL Zucker
knapp ½ TL Chiliflocken
50 ml Aceto balsamico
50 g getrocknete, in Öl eingelegte Tomaten
70 g schwarze Oliven
2 in Öl eingelegte Sardellenfilets (nach Belieben)
Salz
Pfeffer
250 g Mozzarella
Außerdem:
Springform (28 cm Ø)

1. Den Teig aus dem Kühlschrank nehmen. Die Zwiebeln schälen, halbieren und in feine Streifen schneiden.

2. 2 EL Öl in einer Pfanne erhitzen. Die Zwiebeln einrühren und bei mittlerer Hitze unter Rühren in ca. 5 Min. glasig dünsten, bis sie weich werden. Bräunen sollen sie dabei aber nicht, sie werden sonst bitter.

3. Den Zucker, die Chiliflocken und den Balsamico dazugeben und alles noch ca. 5 Min. unter Rühren dünsten.

4. Den Backofen auf 220° vorheizen. Den Teig vorsichtig abrollen, mit dem Papier nach unten in die Springform legen und einen 2 cm hohen Rand formen. Überstehendes Papier abschneiden. Den Teig mit einer Gabel mehrmals einstechen.

5. Die Tomaten abtropfen lassen und in Streifen schneiden. Das Olivenfleisch vom Stein schneiden und mit den Sardellen – falls verwendet – hacken. Die Tomaten, die Oliven und eventuell die Sardellen unter die Zwiebeln mischen und alles mit Salz und Pfeffer abschmecken. Den Mozzarella würfeln.

6. Die Zwiebelmischung auf dem Teig gleichmäßig verteilen. Den Mozzarella daraufstreuen und mit dem restlichen Öl beträufeln. Die Quiche im heißen Ofen (unten) ca. 20 Min. backen, bis der Käse zerlaufen und leicht gebräunt ist und der Teig schön knusprig aussieht. Herausnehmen, kurz stehen lassen, in Stücke schneiden und servieren.

Spinat-Feta-Quiche

pikanter Import aus der Türkei

Zubereitungszeit: **ca. 40 Min.**
Backzeit: **ca. 40 Min.**
Pro Portion (bei 6): **ca. 395 kcal**

Für 4–6 Personen
1 kg Blattspinat | Salz
1 großes Bund Petersilie
2 Knoblauchzehen
½ TL Chiliflocken
50 g Butter
300 g Schafskäse (Feta)
200 g Joghurt
3 Eier (Größe M)
ca. 250 g Strudel-, Yufka- oder Filoteigblätter (Kühlregal)
Außerdem:
Springform (28 cm Ø) | Butter für die Form

1. Vom Spinat alle welken Blätter aussortieren, dicke Stiele abknipsen. Die Spinatblätter in stehendem kaltem Wasser durchschwenken, wenn nötig mehrmals.

2. Inzwischen reichlich Wasser zum Kochen bringen und salzen. Den Spinat darin bei starker Hitze sprudelnd kochen lassen, bis er zusammenfällt. Dann in ein Sieb abgießen, kalt abschrecken und abtropfen lassen. Spinat mit den Händen gut ausdrücken und auf einem großen Brett mit einem großen Messer grob hacken.

3. Die Petersilie waschen und trocken schütteln, die Blättchen abzupfen und fein hacken. Petersilie unter den Spinat mischen. Den Knoblauch schälen und dazupressen. Den Spinat mit den Chiliflocken und Salz abschmecken. Die Butter in einem kleinen Topf zerlassen.

4. Den Backofen auf 200° vorheizen. Den Schafskäse zerkrümeln und mit dem Joghurt und den Eiern mit dem Pürierstab fein zerkleinern, mit Salz abschmecken.

5. Die Form mit Butter ausstreichen. Die Teigblätter aus der Packung nehmen und vorsichtig auseinanderlösen. Größere Blätter in Formgröße zuschneiden. Die Form mit den Blättern auskleiden, dabei die Blätter einzeln einlegen und jeweils mit Butter bestreichen.

6. Den gewürzten Spinat mit der Eiermischung verrühren und gleichmäßig auf den Teigblättern verteilen.

7. Die Quiche im heißen Ofen (Mitte) ca. 40 Min. backen, bis sie schön gebräunt ist. Herausnehmen, am besten noch 10 Min. ruhen lassen, dann in Stücke schneiden und servieren. Dazu passt ein Salat, im Sommer z. B. ein Tomaten-Gurken-Salat (s. S. 16).

Wird mit TK-Spinat zum Rund-ums-Jahr-Ding.

Pilz-quiche

Pilzquiche

vegetarisch und umwerfend aromatisch

Zubereitungszeit: **ca. 1 Std.**
Kühlzeit: **ca. 1 Std.**
Backzeit: **ca. 45 Min.**
Pro Portion (bei 6): **ca. 590 kcal**

Für 4–6 Personen
Für den Belag:
10 g getrocknete Steinpilze
700 g Champignons oder Egerlinge
2 Schalotten
2 Knoblauchzehen
4 Zweige Thymian
1 EL Olivenöl
1 EL Butter
Salz
Pfeffer
200 g Edamer oder Butterkäse
250 g Sahne
2 Eier (Größe M)
Für den Mürbeteig:
225 g Mehl
1 TL Salz
125 g kalte Butter in Würfeln
1 Ei (Größe M)
Außerdem:
Backpapier
Springform (28 cm Ø)

1. Für den Belag die Steinpilze mit lauwarmem Wasser übergießen (s. oben links), ca. 30 Min. stehen und quellen lassen.

2. Nun zum Teig: Aus dem Mehl, dem Salz, der gewürfelten Butter und dem Ei mit den Händen einen glatten Teig kneten. Den Teig zu einer Kugel formen, zwischen zwei Stücke Backpapier legen und zu einer runden Teigplatte in Größe der Form ausrollen (s. S. 8, 9).

3. Die Springform mit dem Teig auskleiden, dabei einen 3 cm hohen Rand formen. Den Teig in der Form 1 Std. kühl stellen.

Warum und wieso ...

...soll ich Pilze eigentlich nicht waschen? Weil sie sich wie ein Schwamm mit Wasser vollsaugen und dann eine Menge Aroma verlieren. Zum feuchten Küchenpapier gibt es übrigens noch eine Alternative: einen speziellen Pinsel, mit dem Du Erdreste von den Pilzen abstreifen kannst. Den gibt es im Haushaltswarengeschäft.

4. Inzwischen von den Champignons oder Egerlingen die Stielenden abschneiden. Pilze mit feuchtem Küchenpapier sauber abreiben (s. Info und oben rechts) und in knapp 1 cm dicke Scheiben schneiden.

5. Die Schalotten und den Knoblauch schälen und fein würfeln. Den Thymian waschen und trocken schütteln, die Blättchen abstreifen. Die Steinpilze abtropfen lassen und klein würfeln.

6. Das Öl und die Butter in einer Pfanne erhitzen. Die frischen und die getrockneten Pilze darin bei starker Hitze unter Rühren ca. 5 Min. braten – so lange, bis die Flüssigkeit, die sich beim Erhitzen bildet, wieder verdampft ist. Schalotten, Knoblauch und Thymianblättchen dazugeben und alles noch 1 Min. weiter braten. Mit Salz und Pfeffer würzen.

7. Den Backofen auf 200° vorheizen. Den Käse in möglichst kleine Würfel schneiden. (Reiben lassen sich Schnittkäsesorten wie Edamer oder Butterkäse nicht so gut, weil sie zu weich sind.) Die Käsewürfelchen mit den Pilzen mischen und gleichmäßig auf dem gekühlten Teig verteilen. Die Sahne mit den Eiern, Salz und Pfeffer mit dem Schneebesen verrühren und darübergießen.

8. Die Quiche im heißen Ofen (Mitte) ca. 45 Min. backen, bis sie schön gebräunt ist. Herausnehmen, am besten noch 10 Min. ruhen lassen, dann in Stücke schneiden und servieren.

Kartoffel-Sardellen-Quiche

Low-budget-Quiche – partytauglich!

Zubereitungszeit: **ca. 1 Std.**
Kühlzeit: **ca. 1 Std.**
Backzeit: **ca. 45 Min.**
Pro Portion (bei 6): **ca. 560 kcal**

Für 4–6 Personen
Für den Mürbeteig:
225 g Mehl | 1 TL Salz
125 g kalte Butter in Würfeln
1 Ei (Größe M)
Für den Belag:
600 g vorwiegend festkochende Kartoffeln
Salz | 2 Frühlingszwiebeln
1 Zweig Rosmarin
8 in Öl eingelegte Sardellenfilets
Pfeffer | 300 g Sahne
3 Eier (Größe M)
Außerdem:
Backpapier
Springform (28 cm Ø)

1. Aus Mehl, Salz, der gewürfelten Butter und dem Ei mit den Händen einen glatten Teig kneten. Den Teig zu einer Kugel formen, zwischen zwei Stücke Backpapier legen und zu einer runden Teigplatte ausrollen (s. S. 8, 9).

2. Die Springform mit dem Teig auskleiden, dabei einen 3 cm hohen Rand formen. Den Teig in der Form 1 Std. kühl stellen.

3. Für den Belag die Kartoffeln schälen, waschen und erst in Scheiben, dann in dünne Stifte schneiden. Inzwischen in einem Topf Wasser zum Kochen bringen und salzen, die Kartoffelstifte darin ca. 2 Min. bei starker Hitze sprudelnd kochen lassen. In ein Sieb abgießen, kalt abschrecken und abtropfen lassen.

4. Von den Frühlingszwiebeln die Wurzelbüschel und die welken grünen Teile abschneiden. Die Frühlingszwiebeln waschen und in Ringe schneiden. Den Rosmarin waschen und trocken schütteln. Die Nadeln abstreifen und fein hacken. Die Sardellen abtropfen lassen und fein schneiden.

5. Den Backofen auf 180° vorheizen. Die Kartoffeln mit den Frühlingszwiebelringen, dem Rosmarin und den Sardellen mischen, mit Salz und Pfeffer vorsichtig abschmecken und auf dem gekühlten Teig verteilen. Die Sahne und die Eier mit dem Schneebesen verrühren, leicht salzen und darübergießen.

6. Die Quiche im heißen Ofen (Mitte) ca. 45 Min. backen, bis sie schön gebräunt ist. Herausnehmen, am besten noch 10 Min. ruhen lassen, dann in Stücke schneiden und servieren.

Kürbis-
Apfel-
Quiche

Kürbis-Apfel-Quiche

So gut schmeckt der Herbst!

Zubereitungszeit: **ca. 45 Min.**
Kühlzeit: **ca. 1 Std.**
Backzeit: **ca. 40 Min.**
Pro Portion (bei 6): **ca. 500 kcal**

Für 4–6 Personen
Für den Mürbeteig:
225 g Mehl | 1 TL Salz
125 g kalte Butter in Würfeln
1 Ei (Größe M)
Für den Belag:
1 Stück Kürbis (ca. 650 g)*
8 Zweige Thymian
1 EL Butter
1 TL Chiliflocken | Salz
frisches Grün von 1 Frühlingszwiebel
1 großer säuerlicher Apfel
100 g Sahne | 100 g saure Sahne
50 g frisch geriebener Parmesan
3 Eier (Größe M)
Außerdem:
Backpapier
Springform (28 cm Ø)

* Besonders aromatisch schmeckt Muskatkürbis, von dem Du auch Spalten bekommst. Ebenfalls fein ist Butternut. Nimm einen Kleinen!

1. Aus Mehl, Salz, der gewürfelten Butter und dem Ei mit den Händen einen glatten Teig kneten. Den Teig zu einer Kugel formen, zwischen zwei Stücke Backpapier legen und zu einer runden Teigplatte ausrollen (s. S. 8, 9).

2. Die Springform mit dem Teig auskleiden, dabei einen 3 cm hohen Rand formen. Den Teig in der Form 1 Std. kühl stellen.

3. Inzwischen für den Belag den Kürbis putzen und schälen. Dazu die Kerne mit einem Löffel aus dem Inneren schaben (s. oben links). Den Kürbis der Länge nach in dünnere Spalten schneiden.

4. Die Spalten jeweils seitlich aufs Küchenbrett legen und die Schale vom Kürbis Stück für Stück abschneiden (s. oben rechts). Den Kürbis auf der Rohkostreibe fein raspeln. Den Thymian waschen und trocken schütteln, Blättchen abstreifen.

5. Die Butter in einer Pfanne zerlassen. Die Kürbisraspeln mit den Thymianblättchen und den Chiliflocken einrühren und bei starker Hitze unter Rühren ca. 3 Min. braten. Mit Salz abschmecken und alles in eine Schüssel umfüllen.

6. Das Frühlingszwiebelgrün waschen und in feine Ringe schneiden. Den Apfel vierteln und schälen. Das Kerngehäuse herausschneiden. Die Apfelviertel fein raspeln und mit den Zwiebelringen unter den Kürbis rühren. Abschmecken – die Masse darf ruhig scharf sein, denn die Schärfe wird später durch die sahnige Eiermischung noch abgemildert.

7. Den Backofen auf 200° vorheizen. Die Kürbismischung gleichmäßig auf dem gekühlten Teig verteilen. Die beiden Sahnesorten mit dem Käse und den Eiern mit dem Schneebesen verrühren, salzen und über den Kürbis gießen.

8. Die Kürbis-Apfel-Quiche im heißen Ofen (Mitte) ca. 40 Min. backen, bis der Belag schön gebräunt ist. Herausnehmen, am besten noch 10 Min. ruhen lassen, dann in Stücke schneiden und die Quiche heiß oder lauwarm servieren.

ORIENT-VARIANTE: MÖHREN-DATTEL-QUICHE

Statt Kürbis **600 g Möhren** (am besten größere nehmen, die lassen sich schneller verarbeiten) schälen und raspeln, in **1 EL Olivenöl** bei mittlerer Hitze unter Rühren etwa 2 Min. braten und mit **Chiliflocken**, der abgeriebenen Schale von **1/2 Bio-Zitrone** und **Salz** abschmecken. **100 g Datteln** ohne Stein in feine Streifen schneiden und mit **1/2 Bund gehacktem Koriandergrün** (oder **1/4 Bund gehackter Minze**) unter die Möhren mischen. Die Gemüse-Dattel-Mischung auf dem gekühlten Teig verteilen. **250 g saure Sahne** mit **3 Eiern** (Größe M) verrühren, salzen und gleichmäßig darüber laufen lassen. Die Möhren-Dattel-Quiche im heißen Ofen bei 200° (Mitte) ca. 40 Min. backen, bis sie schön gebräunt ist. Kurz stehen lassen, in Stücke schneiden und servieren.

Kohl-Gorgonzola-Quiche

kräuterfrisch und herrlich würzig

Zubereitungszeit: **ca. 45 Min.**
Kühlzeit: **ca. 1 Std.**
Backzeit: **ca. 40 Min.**
Pro Portion (bei 6): **ca. 565 kcal**

Für 4–6 Personen
Für den Mürbeteig:
225 g Mehl
1 TL Salz
125 g kalte Butter in Würfeln
1 Ei (Größe M)
Für den Belag:
1 kleiner Weißkohl (ca. 750 g)
Salz
1 kleines Bund Petersilie
150 g Gorgonzola
200 g Crème fraîche
je 1 TL rosenscharfes und edelsüßes Paprikapulver
2 Eier (Größe M)
Außerdem:
Backpapier
Springform (28 cm Ø)

1. Aus dem Mehl, dem Salz, der gewürfelten Butter und dem Ei mit den Händen einen glatten Teig kneten. Den Teig zu einer Kugel formen, zwischen zwei Stücke Backpapier legen und zu einer runden Teigplatte in Größe der Form ausrollen (s. S. 8, 9).

2. Die Springform mit dem Teig auskleiden, dabei einen 3 cm hohen Rand formen. Den Teig in der Form 1 Std. kühl stellen.

3. Inzwischen für den Belag vom Kohl alle welken Blätter ablösen. Den Kohl waschen und vierteln, jeweils den dicken Strunk aus der Mitte herausschneiden und den Kohl in nicht zu feine Streifen schneiden. Reichlich Wasser zum Ko-chen bringen und salzen. Den Kohl darin 2 Min. bei starker Hitze sprudelnd kochen lassen. In ein Sieb abgießen, kalt abschrecken und abtropfen lassen.

4. Den Backofen auf 200° vorheizen. Die Petersilie waschen und trocken schütteln, die Blättchen abzupfen und fein schneiden. Den Gorgonzola klein würfeln. Die Crème fraîche mit beiden Paprikasorten, Salz und den Eiern mit dem Schneebesen verrühren.

5. Den Kohl mit der Petersilie und den Käsewürfeln locker mischen und auf dem gekühlten Teig verteilen. Die Eiermischung daraufgießen. Die Quiche im heißen Ofen (Mitte) ca. 40 Min. backen, bis sie schön gebräunt ist. Herausnehmen, am besten noch 10 Min. ruhen lassen, dann in Stücke schneiden und heiß oder lauwarm servieren.

Auch für viele – einfach die doppelte Menge machen und auf dem Blech backen!

450

Linsen-Auberginen-Quiche

Linsen-Auberginen-Quiche

orientalisch angehaucht

Zubereitungszeit: **ca. 1 Std.**
Backzeit: **ca. 40 Min.**
Pro Portion (bei 6): **ca. 400 kcal**

Für 4–6 Personen
Für den Belag:
75 g rote Linsen (s. Info)
200 ml Gemüsebrühe
500 g Auberginen
1 rote Paprikaschote
1 frische rote Chilischote
2 Knoblauchzehen
1 kleines Bund Koriandergrün
4 EL Olivenöl
Salz | Pfeffer
je 1 geh. TL edelsüßes und rosenscharfes Paprikapulver
gemahlener Kreuzkümmel und Koriander
250 g Joghurt
2 Eier (Größe M)
Für den Quark-Öl-Teig:
125 g Magerquark
1 TL Salz
5 EL neutrales Öl
1 Ei (Größe M)
225 g Mehl
1 gestrichener TL Backpulver
Außerdem:
Springform (28 cm Ø)
Fett für die Form
Mehl zum Arbeiten

1. Die Linsen mit der Gemüsebrühe zugedeckt bei schwacher Hitze in ca. 10 Min. fast weich garen (s. Info). Linsen offen etwas auskühlen lassen (s. oben links).

2. Die Auberginen waschen. Den Stielansatz jeweils abschneiden. Auberginen in ca. 1 cm große Würfel schneiden. Die Paprika waschen und halbieren. Stiel und Trennhäute mit den Kernen herauslösen. Paprika etwas kleiner würfeln.

Warum und wieso ...

...haben die Linsen eine so kurze Garzeit? Rote Linsen sind nicht nur eine spezielle Sorte, sondern werden vor dem Verkauf auch geschält. Deshalb sind sie ganz schnell gar und nach ungefähr 15 Min. sind sie so weich, dass sie fast zerfallen und beispielsweise eine Suppe schön sämig machen. Für die Quiche sollen sie ihre Form aber noch behalten, deshalb darfst Du sie nicht zu lang garen. Du kriegst sie in größeren Supermärkten, in jedem Fall aber in jedem Bio- und Asienladen.

3. Die Chilischote waschen und den Stiel abschneiden. Die Chilischote halbieren und die Kerne entfernen (s. oben rechts), Schote fein hacken. (Zum Zerkleinern der Schote Einmalhandschuhe anziehen oder die Hände danach sehr gründlich waschen.) Den Knoblauch schälen und fein schneiden. Den Koriander waschen und trocken schütteln, die Blättchen abzupfen und fein schneiden.

4. Das Öl in einer Pfanne erhitzen. Die Auberginenwürfel darin bei mittlerer Hitze unter Rühren ca. 5 Min. braten. Paprikawürfel, Chili, Knoblauch und die Hälfte des Koriandergrüns mit Salz, Pfeffer, Paprikapulver, Kreuzkümmel und Koriander untermischen und kurz weiterbraten. Dann das Auberginengemüse mit den Linsen mischen.

5. Die Springform fetten. Den Backofen auf 200° vorheizen. Den Quark mit dem Salz, dem Öl und dem Ei gut verrühren. Mehl mit Backpulver mischen. Die Hälfte davon unter den Teig rühren, den Rest unterkneten. Den Teig zu einer Kugel formen und auf der bemehlten Arbeitsfläche zu einer runden Teigplatte ausrollen. Den Teig in die Form legen und einen 3 cm hohen Rand formen (s. S. 12, 13).

6. Die Linsenmischung mit dem übrigen Koriandergrün mischen und auf dem Teig verteilen. Den Joghurt mit den Eiern, Salz und Pfeffer mit dem Schneebesen verrühren und darübergießen.

7. Die Quiche im heißen Ofen (Mitte) ca. 40 Min. backen, bis der Belag leicht gebräunt und der Teig schön knusprig ist. Herausnehmen und am besten noch 10 Min. ruhen lassen. Dann die Quiche in Stücke schneiden und servieren.

Keinen Mascarpone im Kühlregal gefunden? Dann nimm Crème fraîche oder Ricotta!

Spargelquiche mit Mascarpone

weckt mühelos Frühlingsgefühle

Zubereitungszeit: **ca. 45 Min.**
Kühlzeit: **ca. 1 Std.**
Backzeit: **ca. 50 Min.**
Pro Portion (bei 6): **ca. 610 kcal**

Für 4–6 Personen
Für den Mürbeteig:
225 g Mehl | 1 TL Salz
125 g kalte Butter in Würfeln
1 Ei (Größe M)
Für den Belag:
700 g grüner Spargel
Salz | 3 Frühlingszwiebeln
½ Bio-Zitrone | Pfeffer
250 g Mascarpone
3 Eier (Größe M)
50 g Parmesan | 2 EL Olivenöl
Außerdem:
Backpapier
Springform (28 cm Ø)

1. Aus Mehl, Salz, der gewürfelten Butter und dem Ei mit den Händen einen glatten Teig kneten. Den Teig zu einer Kugel formen, zwischen zwei Stücke Backpapier legen und zu einer runden Teigplatte ausrollen (s. S. 8, 9).

2. Die Springform mit dem Teig auskleiden, dabei einen 3 cm hohen Rand formen. Den Teig in der Form 1 Std. kühl stellen.

3. Inzwischen für den Belag den Spargel waschen und die holzigen Enden abschneiden. Die Spargelstangen in ca. 2 cm lange Stücke schneiden. Reichlich Wasser zum Kochen bringen und salzen. Den Spargel darin ca. 3 Min. bei starker Hitze sprudelnd kochen lassen. In ein Sieb abgießen, kalt abschrecken und abtropfen lassen.

4. Von den Frühlingszwiebeln die Wurzelbüschel und die welken grünen Teile abschneiden. Die Frühlingszwiebeln waschen und in feine Ringe schneiden. Zitronenhälfte heiß waschen und abtrocknen, die Schale fein abreiben.

5. Den Backofen auf 180° vorheizen. Den Spargel mit den Zwiebelringen und der Zitronenschale mischen, salzen und pfeffern. Auf dem gekühlten Teig verteilen. Mascarpone mit den Eiern, Salz und Pfeffer mit dem Schneebesen verrühren und auf dem Spargel verstreichen. Parmesan reiben und gleichmäßig darüberstreuen. Mit dem Öl beträufeln.

6. Die Quiche im heißen Ofen (Mitte) ca. 50 Min. backen, bis die Parmesanschicht schön knusprig aussieht. Herausnehmen, am besten noch 10 Min. ruhen lassen, dann in Stücke schneiden.

Modèle N° 5204

Endivien-quiche mit Senfcreme

Endivienquiche mit Senfcreme

Was ein Salat so alles kann ...

Zubereitungszeit: **ca. 45 Min.**
Kühlzeit: **ca. 1 Std.**
Backzeit: **ca. 40 Min.**
Pro Portion (bei 6): **ca. 490 kcal**

Für 4–6 Personen
Für den Mürbeteig:
225 g Mehl
1 TL Salz
125 g kalte Butter in Würfeln
1 Ei (Größe M)
Für den Belag:
Salz
500 g Endiviensalat
2 Schalotten
1 EL Butter
150 g TK-Erbsen
Pfeffer
4 Zweige Minze (ersatzweise Petersilie)
200 g Sahne
1 EL scharfer Senf (Dijon-Senf)
3 Eier (Größe M)
Außerdem:
Backpapier
Springform (28 cm Ø)

1. Aus dem Mehl, dem Salz, der gewürfelten Butter und dem Ei mit den Händen einen glatten Teig kneten. Den Teig zu einer Kugel formen, zwischen zwei Stücke Backpapier legen und zu einer runden Teigplatte in Größe der Form ausrollen (s. S. 8, 9).

2. Die Springform mit dem Teig auskleiden, dabei einen 3 cm hohen Rand formen. Den Teig in der Form 1 Std. kühl stellen.

Warum und wieso ...

... wird der Salat hier gekocht? Durch das kurze Bad im sprudelnd kochenden Wasser werden die Blätter vorgegart und dadurch geschmeidiger. Dieses Vorkochen wird auch »Blanchieren« genannt. Das anschließende Abschrecken mit eiskaltem Wasser stoppt den Garprozess blitzschnell. So bleiben viele Vitamine und die Farbe erhalten. Wichtig: Die Kochzeit immer erst dann messen, wenn das Wasser nach dem Reinwerfen von Salat oder Gemüse wieder bei starker Hitze sprudelnd kocht.

3. In einem großen Topf reichlich Wasser zum Kochen bringen und salzen. Inzwischen für den Belag die Salatblätter auseinander lösen (s. oben links), waschen und gut trocken schwenken. Dann mit einem großen Messer auf einem großen Küchenbrett grob hacken.

4. Salatblätter im sprudelnd kochenden Salzwasser bei starker Hitze ca. 1 Min. kochen lassen (s. oben rechts und Info), bis sie geschmeidig sind. Den Endiviensalat in ein Sieb abgießen, kalt abschrecken und gut abtropfen lassen.

5. Die Schalotten schälen, vierteln und in feine Streifen schneiden. Die Butter in einer Pfanne zerlassen. Die Schalotten darin bei mittlerer Hitze unter Rühren ca. 1 Min. andünsten. Dann die Erbsen dazugeben und weitere 2 Min. mitbraten, bis sie nicht mehr gefroren aussehen. Mischung mit Salz und Pfeffer abschmecken und vom Herd ziehen.

6. Den Backofen auf 200° vorheizen. Die Minze waschen und trocken schütteln, die Blättchen abzupfen und fein hacken. Den Salat mit der Erbsenmischung und der Minze mischen und mit Salz und Pfeffer abschmecken. Alles auf dem gekühlten Teig verteilen.

7. Die Sahne mit dem Senf, Salz und Pfeffer sowie den Eiern mit dem Schneebesen verrühren und gleichmäßig über die Salatmischung in der Form gießen.

8. Die Quiche im heißen Ofen (Mitte) ca. 40 Min. backen, bis der Belag schön gebräunt ist und der Teig knusprig aussieht. Herausnehmen, am besten noch 10 Min. ruhen lassen, dann aus der Form lösen, in Stücke schneiden und warm oder lauwarm servieren.

Gemüsequiche mit Curry

Alles so schön bunt hier!

Zubereitungszeit: **ca. 1 Std.**
Kühlzeit: **ca. 1 Std.**
Backzeit: **ca. 45 Min.**
Pro Portion (bei 6): **ca. 550 kcal**

Für 4–6 Personen
Für den Mürbeteig:
225 g Mehl | 1 TL Salz
125 g kalte Butter in Würfeln
1 Ei (Größe M)
Für den Belag:
700 g gemischtes Gemüse (z. B. 2 Möhren, 1 kleiner Brokkoli, 1 kleine Fenchelknolle, 1 dünne Stange Lauch)
Salz | 150 g Tilsiterkäse
300 g saure Sahne | 3 Eier (Größe M)
2 TL scharfes Currypulver
Außerdem:
Backpapier
Springform (28 cm Ø)

1. Aus Mehl, Salz, der gewürfelten Butter und dem Ei mit den Händen einen glatten Teig kneten. Den Teig zu einer Kugel formen, zwischen zwei Stücke Backpapier legen und zu einer runden Teigplatte ausrollen (s. S. 8, 9).

2. Die Springform mit dem Teig auskleiden, dabei einen 3 cm hohen Rand formen. Den Teig in der Form 1 Std. kühl stellen.

3. Inzwischen für den Belag die Möhren putzen und schälen, den Brokkoli waschen, den Stiel schälen. Den Fenchel waschen. Dicke Stiele und alle welken Stellen abschneiden. Fenchel vierteln, den harten Strunk aus der Mitte herausschneiden. Vom Lauch das Wurzelende und die welken grünen Teile wegschneiden. Stange längs aufschneiden und unter dem fließenden kalten Wasserstrahl gründlich waschen, auch zwischen den Schichten. Möhren und Fenchel würfeln. Den Brokkoli in möglichst kleine Röschen schneiden, den Stiel würfeln. Lauch quer in Streifen schneiden.

4. Reichlich Wasser zum Kochen bringen und salzen. Das Gemüse darin ca. 2 Min. bei starker Hitze sprudelnd kochen lassen. In ein Sieb abgießen, kalt abschrecken und abtropfen lassen.

5. Den Backofen auf 180° vorheizen. Den Käse ohne Rinde grob raspeln. Die saure Sahne mit den Eiern, Salz und dem Curry mit dem Schneebesen verrühren, den Käse und das Gemüse untermischen. Die Mischung auf dem gekühlten Teig verteilen. Quiche im heißen Ofen (Mitte) ca. 45 Min. backen. Herausnehmen, am besten noch 10 Min. ruhen lassen, dann in Stücke schneiden und servieren.

CURRY
Die Quiche schmeckt mit jedem Gemüse. Je bunter, desto besser!

Blumenkohlquiche

wunderbar saftig mit Meerrettich-Kick

Zubereitungszeit: **ca. 40 Min.**
Backzeit: **ca. 45 Min.**
Pro Portion (bei 6): **ca. 360 kcal**

Für 4–6 Personen
Für den Belag:
1 kleinerer Blumenkohl (ca. 620 g)
Salz | 1 Bund Petersilie
1 Frühlingszwiebel
100 g gekochter Schinken
125 g Magerquark
200 g saure Sahne | 3 Eier (Größe M)
2 gehäufte TL frisch geriebener Meerrettich
Für den Quark-Öl-Teig:
125 g Magerquark | 1 TL Salz
5 EL neutrales Öl
1 Ei (Größe M) | 225 g Mehl
1 gestrichener TL Backpulver
Außerdem:
Springform (28 cm Ø)
Fett für die Form
Mehl zum Arbeiten

1. Den Blumenkohl waschen, die Röschen abbrechen, den Strunk in 1–2 cm große Stücke schneiden. Inzwischen reichlich Wasser zum Kochen bringen und salzen. Blumenkohlstückchen darin ca. 3 Min. bei starker Hitze sprudelnd kochen lassen. In ein Sieb abgießen, kalt abschrecken und abtropfen lassen.

2. Die Petersilie waschen und trocken schütteln, dann die Blättchen abzupfen und sehr fein hacken.

3. Von der Frühlingszwiebel das Wurzelbüschel und die welken grünen Teile abschneiden. Die Zwiebel waschen und in Ringe schneiden. Den Schinken in kleine Würfel schneiden.

4. Für den Teig die Form fetten. Backofen auf 180° vorheizen. Den Quark mit dem Salz, dem Öl und dem Ei gut verrühren. Mehl und Backpulver mischen. Die Hälfte davon unter den Teig rühren, den Rest unterkneten. Den Teig zu einer Kugel formen und auf der bemehlten Arbeitsfläche zu einer runden Teigplatte ausrollen. In die Form legen und einen 3 cm hohen Rand formen (s. S. 12, 13).

5. Den Blumenkohl mit der Petersilie, den Zwiebelringen und dem Schinken mischen und mit Salz abschmecken. Auf dem Teig verteilen. Quark, saure Sahne und Eier mit dem Schneebesen verrühren und mit dem Meerrettich und etwas Salz abschmecken. Die Mischung über den Blumenkohl geben. Die Quiche im heißen Ofen (Mitte) ca. 45 Min. backen. Herausnehmen, am besten noch 10 Min. ruhen lassen, dann in Stücke schneiden.

MIT FLEISCH UND FISCH

Quiche lorraine

Die klassische aus Lothringen – traditionell lecker!

Zubereitungszeit: **ca. 40 Min.**
Kühlzeit: **ca. 1 Std.**
Backzeit: **ca. 45 Min.**
Pro Portion (bei 6): **ca. 700 kcal**

Für 4–6 Personen
Für den Mürbeteig:
225 g Mehl
½ TL Salz
125 g kalte Butter in Würfeln
1 EL frisch geriebener Käse (z. B. Greyerzer, Comté oder Parmesan)
1 Ei (Größe M)
Für den Belag:
200 g nicht zu fetter durchwachsener Räucherspeck
4 Eier (Größe M)
250 g Sahne
100 ml Milch
Salz | Pfeffer
frisch geriebene Muskatnuss
Außerdem:
Backpapier
Springform (28 cm Ø)

1. Aus dem Mehl, dem Salz, der gewürfelten Butter, dem Käse und dem Ei mit den Händen einen glatten Teig kneten. Zu einer Kugel formen, zwischen zwei Stücke Backpapier legen und zu einer runden Teigplatte ausrollen (s. S. 8, 9).

2. Die Springform mit dem Teig auskleiden, dabei einen 3 cm hohen Rand formen. Den Teig in der Form 1 Std. kühl stellen.

3. Für den Belag vom Speck die Schwarte abschneiden. Den Speck in feine Streifen oder Würfel schneiden, alle Knorpel dabei herausschneiden. Speck in einer Pfanne zunächst bei starker Hitze erwärmen, bis das Fett anfängt zu brutzeln. Dann auf mittlere Hitze zurückschalten und den Speck unter Rühren weiter erhitzen, bis er erst glasig wird, ein Teil vom Fett austritt und der Speck leicht bräunt. Das dauert ca. 10 Min. Speck in einem Sieb abtropfen und abkühlen lassen.

4. Den Backofen auf 180° vorheizen. Eier, Sahne und Milch mit Salz, Pfeffer und Muskat mit dem Schneebesen verrühren. Den Speck auf dem gekühlten Teig verteilen, die Eiermischung darübergeben. (Keine Sorge, dass es zu wenig ist. Die Eiermasse geht beim Backen auf, und der Speck verteilt sich darin.)

5. Die Quiche im heißen Ofen (Mitte) ca. 45 Min. backen, bis sie schön gebräunt ist. Herausnehmen, am besten noch 10 Min. ruhen lassen, dann in Stücke schneiden und servieren.

Mit dem Speck noch 100 g Greyerzer in kleinen Würfeln auf dem Quicheteig verteilen - umwerfend aromatisch!

Hackfleisch-quiche mit Joghurt

Hackfleischquiche mit Joghurt

orientalisch inspiriert und himmlisch gut

Zubereitungszeit: **ca. 45 Min.**
Kühlzeit: **ca. 1 Std.**
Backzeit: **ca. 45 Min.**
Pro Portion (bei 6): **ca. 520 kcal**

Für 4–6 Personen
Für den Mürbeteig:
225 g Mehl | 1 TL Salz
125 g kalte Butter in Würfeln
1 Ei (Größe M)
Für den Belag:
1 dicke Stange Lauch (300–350 g)
2 Knoblauchzehen
1 EL Olivenöl
300 g gemischtes Hackfleisch (s. Info)
1 TL gemahlener Koriander*
1 TL edelsüßes Paprikapulver
1 kräftige Prise rosenscharfes Paprikapulver
Salz | Pfeffer
1 großes Bund Petersilie
300 g Joghurt | 3 Eier (Größe M)
Außerdem:
Backpapier
Springform (28 cm Ø)

* Besonders aromatisch schmeckt Koriander, wenn Du statt Pulver ganze Koriandersamen leicht anröstest und anschließend im Mörser zerkleinerst.

1. Aus dem Mehl, dem Salz, der gewürfelten Butter und dem Ei mit den Händen einen glatten Teig kneten. Den Teig zu einer Kugel formen, zwischen zwei Stücke Backpapier legen und zu einer runden Teigplatte ausrollen (s. S. 8, 9).

2. Die Springform mit dem Teig auskleiden, dabei einen 3 cm hohen Rand formen. Den Teig in der Form 1 Std. kühl stellen.

3. Inzwischen für den Belag vom Lauch das Wurzelende und die welken grünen Teile wegschneiden. Die Stange der Länge nach aufschneiden und unter kaltem Wasser gründlich waschen, auch zwischen den Schichten (s. oben links).

Warum und wieso …

… darf man Hackfleisch nicht aufheben? Weil Fleisch sehr schnell verdirbt, wenn es so fein zerkleinert ist. Am besten lässt Du Dir das Fleisch beim Metzger frisch durch den Wolf drehen. Dann siehst Du auch gleich, welche Stücke er nimmt. Das Hackfleisch trotzdem am selben Tag zubereiten, denn selbst frisch durchgedreht ist es nicht lange haltbar.

4. Den Lauch in feine Streifen schneiden. Den Knoblauch schälen und fein hacken.

5. Das Öl in einer Pfanne erhitzen, den Lauch und den Knoblauch darin bei mittlerer Hitze unter Rühren ca. 2 Min. dünsten. Das Hackfleisch dazugeben und bei größter Hitze braten, bis es nicht mehr rot ist (s. oben rechts). Dabei das Fleisch immer rühren und mit dem Kochlöffel zerdrücken, bis es schön krümelig ist. Mischung mit Koriander, beiden Paprikasorten, Salz und Pfeffer abschmecken und vom Herd ziehen.

6. Den Backofen auf 180° vorheizen. Die Petersilie waschen und trocken schütteln, die Blättchen abzupfen, fein hacken und unter das Hackfleisch mischen.

7. Den Joghurt mit den Eiern verrühren und mit Salz und Pfeffer würzen.

8. Die Hackmischung auf dem gekühlten Teig verteilen, die Joghurtmischung gleichmäßig darübergeben. Die Quiche im heißen Backofen (Mitte) ca. 45 Min. backen, bis der Belag schön gebräunt ist. Herausnehmen, am besten noch 10 Min. ruhen lassen, dann in Stücke schneiden und warm servieren.

VARIANTE: QUICHE MIT LAMMHACK UND FETA

Wer einen guten Metzger hat oder ein türkisches Lebensmittelgeschäft in der Nähe, kauft statt gemischtem Hackfleisch **Lammhack.** Beim Metzger musst Du das Fleisch vielleicht vorbestellen, beim Türken sollte es das eigentlich immer geben. Den Lauch im Belag dann durch **1 Bund Frühlingszwiebeln** in Ringen ersetzen. Die Zwiebelringe mit den Gewürzen unter das Hack mischen. Zusätzlich zur Petersilie **1 Bund Koriandergrün** waschen und hacken. Die Gewürzmenge ruhig ein bisschen erhöhen und zusätzlich **Chiliflocken** nach Geschmack an die Mischung geben. Und mit den **300 g Joghurt** und den **3 Eiern** noch **100 g Schafskäse (Feta)** fein zerkrümeln und untermischen. Die Quiche backen wie gehabt und am besten mit einem Gurkensalat servieren.

Zwiebel-Speck-Quiche

mit raffinierter Salbei-Note

Zubereitungszeit: **ca. 50 Min.**
Backzeit: **ca. 45 Min.**
Pro Portion (bei 6): **ca. 670 kcal**

Für 4–6 Personen
Für den Belag:
700 g rote oder weiße Zwiebeln
2 Knoblauchzehen
150 g durchwachsener Räucherspeck
3 Zweige Salbei (ca. 30 Blättchen)
1 EL Olivenöl
½–1 TL Chiliflocken
Salz | 300 g saure Sahne
3 Eier (Größe M)
150 g frisch geriebener Bergkäse
Für Quark-Öl-Teig:
125 g Magerquark | 1 TL Salz
5 EL neutrales Öl
1 Ei (Größe M) | 225 g Mehl
1 gestrichener TL Backpulver
Außerdem:
Springform (28 cm Ø)
Fett für die Form | Mehl zum Arbeiten

1. Für den Belag die Zwiebeln und den Knoblauch schälen und fein würfeln. Vom Speck die Schwarte abschneiden. Den Speck in kleine Würfel schneiden, alle Knorpel dabei herausschneiden. Den Salbei waschen und trocken schütteln, die Blättchen in Streifen schneiden.

2. Den Speck mit dem Öl in einer Pfanne bei mittlerer Hitze andünsten, bis er glasig und leicht gebräunt ist. Die Zwiebeln, den Knoblauch, den Salbei und die Chiliflocken nach gewünschter Schärfe dazugeben und alles unter Rühren noch ca. 10 Min. dünsten, bis die Zwiebeln glasig aussehen. Mit Salz würzen.

3. Die Form fetten. Den Backofen auf 180° vorheizen. Für den Teig Quark, Salz, Öl und Ei gut verrühren. Mehl und Backpulver mischen. Die Hälfte davon unter den Teig rühren, den Rest unterkneten.

4. Den Teig zu einer Kugel formen und auf der bemehlten Arbeitsfläche zu einer runden Teigplatte ausrollen. Den Teig in die Form legen und einen 3 cm hohen Rand formen (s. S. 12, 13).

5. Die Zwiebelmischung auf dem Teig verteilen. Die saure Sahne mit den Eiern, dem Käse und Salz mit dem Schneebesen verrühren und darüber verteilen.

6. Die Zwiebel-Speck-Quiche im heißen Ofen (Mitte) ca. 45 Min. backen, bis sie schön gebräunt ist. Herausnehmen, am besten noch 10 Min. ruhen lassen, dann in Stücke schneiden und heiß oder lauwarm servieren.

Home made

clock

Wirsing-quiche mit Chorizo

Wirsingquiche mit Chorizo

Deftiges mit einer Extraportion Spanien

Zubereitungszeit: **ca. 50 Min.**
Kühlzeit: **ca. 1 Std.**
Backzeit: **ca. 50 Min.**
Pro Portion (bei 6): **ca. 615 kcal**

Für 4–6 Personen
Für den Mürbeteig:
225 g Mehl
1 TL Salz
125 g kalte Butter in Würfeln
1 Ei (Größe M)
Für den Belag:
1 kleinerer Wirsing (ca. 500 g)
Salz
100 g Chorizo (s. Info)
125 g Manchegokäse oder Pecorino
½ Bund Petersilie oder 4 Stängel Minze
2 Knoblauchzehen
Pfeffer
2 Eier (Größe M)
200 g Crème fraîche
Außerdem:
Backpapier
Springform (28 cm Ø)

1. Aus dem Mehl, Salz, der gewürfelten Butter und dem Ei mit den Händen einen glatten Teig kneten. Den Teig zu einer Kugel formen, zwischen zwei Stücke Backpapier legen und zu einer runden Teigplatte ausrollen (s. S. 8, 9).

2. Die Springform mit dem Teig auskleiden, dabei einen 3 cm hohen Rand formen. Den Teig in der Form 1 Std. kühl stellen.

Was ist denn Chorizo?

Diese Wurstspezialität aus Spanien wird aus rohem Schweinefleisch hergestellt und bekommt ihre kräftig rote Farbe durch eine ganze Menge Paprika. Da sie mit unterschiedlich scharfen Sorten gewürzt wird, gibt es Chorizo von mild bis superfeurig. Du kannst die eher feste Wurst – meist am Stück – in größeren Supermärkten, bei manchen Metzgern und natürlich im spanischen oder portugiesischen Feinkostladen kaufen. Wenn Du keine findest, nimm einfach Salami und würze den Belag zusätzlich mit Chiliflocken nach Geschmack.

3. Inzwischen für den Belag vom Wirsing alle welken Blätter ablösen und den Strunk abschneiden (s. oben links). Den Wirsing waschen, achteln und in Streifen schneiden. In einem großen Topf Wasser zum Kochen bringen und salzen. Den Wirsing darin 6–8 Min. bei starker Hitze sprudelnd kochen lassen, bis er bissfest ist. Wirsing in ein Sieb abgießen, kalt abschrecken und abtropfen lassen.

4. Die Chorizo eventuell häuten und in dünne Scheiben schneiden (s. oben rechts). Die Scheiben halbieren. Den Manchego oder Pecorino ohne die Rinde grob reiben. Die Petersilie oder Minze waschen und trocken schütteln, die Blättchen abzupfen und fein hacken. Den Knoblauch schälen und fein würfeln.

5. Den Backofen auf 180° vorheizen. Die Chorizoscheiben, die gehackten Kräuter und den Knoblauch unter den abgetropften Wirsing mischen und alles mit Salz und Pfeffer abschmecken.

6. Die Eier mit der Crème fraîche und dem Käse mit dem Schneebesen verrühren und mit Salz und Pfeffer würzen.

7. Die Wirsingmischung auf dem gekühlten Teig verteilen, die Eiermischung darübergeben. Die Quiche im heißen Backofen (Mitte) ca. 50 Min. backen, bis der Belag schön gebräunt ist. Herausnehmen, am besten noch 10 Min. ruhen lassen, dann in Stücke schneiden und servieren. Dazu passt Feldsalat oder Radicchio.

Chicorée-Schinken-Quiche

Seelentröster für kalte Wintertage

Zubereitungszeit: **ca. 45 Min.**
Kühlzeit: **ca. 1 Std.**
Backzeit: **ca. 40 Min.**
Pro Portion (bei 6): **ca. 570 kcal**

Für 4–6 Personen
Für den Mürbeteig:
225 g Mehl
1 TL Salz
125 g kalte Butter in Würfeln
1 Ei (Größe M)
Für den Belag:
500 g Chicorée
1 EL Butter
Salz
Pfeffer
200 g gekochter Schinken
150 g mittelalter Gouda oder Edamer
200 g Sahne
3 Eier (Größe M)
frisch geriebene Muskatnuss
Außerdem:
Backpapier
Springform (28 cm Ø)

1. Aus dem Mehl, dem Salz, der gewürfelten Butter und dem Ei mit den Händen einen glatten Teig kneten. Den Teig zu einer Kugel formen, zwischen zwei Stücke Backpapier legen und zu einer runden Teigplatte ausrollen (s. S. 8, 9).

2. Die Springform mit dem Teig auskleiden, dabei einen 3 cm hohen Rand formen. Den Teig in der Form 1 Std. kühl stellen.

3. Inzwischen für den Belag den Chicorée waschen und die Strunkansätze abschneiden. Den Chicorée quer in ca. 2 cm breite Streifen schneiden.

4. Die Butter in einer Pfanne zerlassen, die Chicoréestreifen einrühren und ca. 5 Min. braten, bis die Flüssigkeit, die sich dabei bildet, wieder verdampft ist. Chicorée salzen, pfeffern und vom Herd ziehen.

5. Den Schinken klein würfeln, den Käse ohne Rinde fein reiben. Den Backofen auf 200° vorheizen. Die Sahne mit den Eiern und dem Käse mit dem Schneebesen verrühren. Den Chicorée mit dem Schinken untermischen und alles mit Salz, Pfeffer und Muskat würzen.

6. Die Chicorée-Schinken-Mischung gleichmäßig auf dem gekühlten Teigboden verteilen.

7. Die Quiche im heißen Ofen (Mitte) ca. 40 Min. backen, bis der Belag schön gebräunt ist. Herausnehmen, am besten noch 10 Min. ruhen lassen, dann in Stücke schneiden und servieren.

Salat auf Teig? Unglaublich gut!

Sauerkraut-Kasseler-Quiche

Sauerkraut-Kasseler-Quiche

Winterhit mit Vitamin C-Power

Zubereitungszeit: **ca. 1 Std. 10 Min.**
Kühlzeit: **ca. 1 Std.**
Backzeit: **ca. 45 Min.**
Pro Portion (bei 6): **ca. 530 kcal**

Für 4–6 Personen
Für den Mürbeteig:
225 g Mehl | 1 TL Salz
125 g kalte Butter in Würfeln
1 Ei (Größe M)
Für den Belag:
500 g rohes Sauerkraut*
1 kleiner Apfel | 1 Zwiebel
je 1 EL Butter und Öl
2 TL Kümmelsamen
ca. 250 ml Gemüse- oder Fleischbrühe
Salz | Pfeffer | 1 Prise Zucker
250 g Kasseler ohne Knochen
200 g Crème fraîche
2 Eier (Größe M)
Außerdem:
Backpapier
Springform (28 cm Ø)

*Sauerkraut gibt es in der Dose, im Glas oder offen beim Metzger zu kaufen. Rohes Kraut schmeckt am besten, weil Du es nach Deinem Geschmack würzen kannst.

1. Aus dem Mehl, dem Salz, der gewürfelten Butter und dem Ei mit den Händen einen glatten Teig kneten. Den Teig zu einer Kugel formen, zwischen zwei Stücke Backpapier legen und zu einer runden Teigplatte ausrollen (s. S. 8, 9).

2. Die Springform mit dem Teig auskleiden, dabei einen 3 cm hohen Rand formen. Den Teig in der Form 1 Std. kühl stellen.

3. Inzwischen für den Belag das Sauerkraut abtropfen lassen und grob schneiden. Dazu am besten die Küchenschere nehmen und einfach kreuz und quer

So schmeckt's auch!

Statt Kasseler kannst Du auch 250 g Lachsfilet für die Quiche verwenden. Spitzenköche haben diese Mischung aus Sauerkraut und Fisch vor einigen Jahren salonfähig gemacht. Tatsächlich schmeckt sie ausgesprochen gut. Allerdings darf der Lachs nicht zu fett sein. Deshalb am besten Bio-Lachs nehmen, der hat mehr Platz im Wasser, kann sich mehr bewegen und setzt nicht so viel Fett an.

durch das Kraut schneiden (s. oben links). Den Apfel vierteln und schälen. Das Kerngehäuse herausschneiden und die Apfelviertel würfeln. Die Zwiebel schälen und fein hacken.

4. Die Butter und das Öl in einem Topf erhitzen. Die Zwiebel und den Apfel mit dem Kümmel darin bei mittlerer Hitze andünsten. Das Sauerkraut dazugeben und kurz mitdünsten, die Brühe dazugießen und das Kraut mit Salz, Pfeffer und dem Zucker abschmecken.

5. Dann das Sauerkraut bei schwacher Hitze zugedeckt ca. 30 Min. schmoren, bis es bissfest ist. Das Kraut zwischendurch umrühren und immer mal kontrollieren, ob noch genügend Flüssigkeit im Topf ist. Falls nötig, etwas Wasser oder auch noch mehr Brühe angießen.

6. Das Kasseler klein würfeln. Unter das Kraut mischen, mit Salz und Pfeffer würzen und leicht abkühlen lassen.

7. Den Backofen auf 180° vorheizen. Die Sauerkrautmischung auf dem gekühlten Teig verteilen. Die Crème fraîche mit den Eiern, Salz und Pfeffer mit dem Schneebesen verrühren und darübergeben.

8. Die Sauerkraut-Kasseler-Quiche im heißen Ofen (Mitte) ca. 45 Min. backen, bis der Belag schön gebräunt ist. Quiche herausnehmen, am besten noch 10 Min. ruhen lassen, dann in Stücke schneiden (s. oben rechts) und gleich servieren.

Apfel-Blutwurst-Quiche

besonders gut im Herbst und Winter

Zubereitungszeit: **ca. 30 Min.**
Backzeit: **ca. 20 Min.**
Pro Portion (bei 6): **ca. 475 kcal**

Für 4–6 Personen
1 fertig ausgerollter runder Blätterteig (ca. 32 cm Ø)
2 säuerliche Äpfel
1 EL Zitronensaft
2 TL Koriandersamen (nach Belieben)
1 EL Butter
2 TL brauner Zucker
Salz
Pfeffer
400 g feste, nicht zu dicke Blutwurst*
100 g Bergkäse
Außerdem:
Mörser (nach Belieben)
Springform (28 cm Ø)

* Für diese Quiche brauchst Du die schnittfeste Blutwurst, die Du auch als Brotbelag genießen kannst.

1. Den Teig aus dem Kühlschrank nehmen. Die Äpfel vierteln und schälen. Die Kerngehäuse herausschneiden. Die Apfelviertel der Länge nach in ca. ½ cm dicke Scheiben schneiden. Die Apfelschnitze mit dem Zitronensaft beträufeln. Sie bleiben dann schön hell und verfärben sich nicht braun.

2. Wer den Koriander verwenden möchte, heizt jetzt eine Pfanne an und röstet die Samen darin ca. 1 Min. Dann in einen Mörser umfüllen und mittelgrob zerstoßen. Die Butter mit dem Zucker in der Pfanne zerlassen. Die Apfelschnitze dazugeben und bei starker Hitze ca. 1 Min. braten. Möglichst gleichmäßig in der Pfanne verteilen und wenig umrühren, damit sie ihre Form behalten. Salzen, pfeffern und vom Herd ziehen.

3. Den Backofen auf 220° vorheizen. Den Teig vorsichtig abrollen, mit dem Papier in die Form legen und einen 2 cm hohen Rand formen. Das überstehende Papier abschneiden. Den Teig mit einer Gabel mehrmals einstechen.

4. Die Blutwurst häuten und in knapp 1 cm dicke Scheiben schneiden. Den Käse grob raspeln. Die Apfelschnitze und die Blutwurstscheiben dachziegelartig und abwechselnd auf dem Teig verteilen. Nach Belieben den Koriander darüberstreuen. Den Käse darauf verteilen.

5. Die Quiche im heißen Ofen (unten) ca. 20 Min. backen, bis der Teig schön knusprig aussieht. Herausnehmen, am besten noch 10 Min. ruhen lassen, dann in Stücke schneiden und servieren.

Rosenkohl-Lamm-Quiche

ungewöhnlich und unglaublich gut

Zubereitungszeit: **ca. 1 Std.**
Backzeit: **ca. 45 Min.**
Pro Portion (bei 6): **ca. 640 kcal**

Für 4–6 Personen
Für den Belag:
Salzl | 500 g Rosenkohl
400 g Lammkeule oder -filet
2 Knoblauchzehen | 1 EL Olivenöl
1 TL TK-Kräuter der Provence
Pfeffer | ½ Bio-Zitrone
150 g Fontina oder Taleggio
150 g Crème fraîche | 2 Eier (Größe M)
Für Quark-Öl-Teig:
125 g Magerquark
1 TL Salz | 5 EL neutrales Öl
1 Ei (Größe M) | 225 g Mehl
1 gestrichener TL Backpulver
Außerdem:
Springform (28 cm Ø)
Fett für die Form
Mehl zum Arbeiten

1. Reichlich Wasser zum Kochen bringen und salzen. Den Rosenkohl waschen, die Strunkansätze abschneiden und alle welken Blätter ablösen. Röschen vierteln und im sprudelnd kochenden Salzwasser ca. 5 Min. bei starker Hitze kochen lassen. In ein Sieb abgießen, kalt abschrecken und abtropfen lassen.

2. Das Fleisch in 1 cm breite Streifen schneiden. Den Knoblauch schälen. Das Öl in einer Pfanne erhitzen. Das Fleisch darin bei starker Hitze unter Rühren ca. 1 Min. braten, bis es nicht mehr rot ist. Den Knoblauch durch die Presse dazudrücken, die Kräuter untermischen. Das Fleisch salzen und pfeffern und vom Herd ziehen. Die Zitronenhälfte heiß waschen und abtrocknen, die Schale fein abreiben und zum Lammfleisch geben. Den Käse würfeln.

3. Die Form fetten. Den Backofen auf 180° vorheizen. Für den Teig Quark, Salz, Öl und Ei gut verrühren. Mehl und Backpulver mischen. Die Hälfte davon unter den Teig rühren, den Rest unterkneten. Den Teig zu einer Kugel formen und auf wenig Mehl zu einer runden Teigplatte ausrollen. In die Form legen und einen 3 cm hohen Rand formen (s. S. 12, 13).

4. Rosenkohl, Lammfleisch und Käsewürfel mischen, salzen und pfeffern. Mischung auf dem Teig verteilen. Crème fraîche und Eier mit dem Schneebesen verrühren, leicht salzen und pfeffern und darübergeben. Die Quiche im heißen Ofen (Mitte) ca. 45 Min. backen. Herausnehmen, am besten noch 10 Min. ruhen lassen, dann in Stücke schneiden und servieren.

Du willst die Quiche im Sommer machen? Dann nimm grüne Bohnen statt Rosenkohl!

Hähnchen-Parmesan-Quiche

Hähnchen-Parmesan-Quiche

Hier sind auch Hähnchenreste willkommen!

Zubereitungszeit: **ca. 50 Min.**
Backzeit: **ca. 35 Min.**
Pro Portion (bei 6): **ca. 660 kcal**

Für 4–6 Personen
Für den Belag:
300 g Egerlinge oder Champignons*
½ Bund Petersilie
2 Knoblauchzehen
1 Stück Bio-Zitronenschale (ca. 2 cm)
1 EL Butter | Salz | Pfeffer
½ gebratenes Hähnchen (fertig gekauft)
250 g Crème fraîche
200 g frisch geriebener Parmesan
2 Eier (Größe M)
Für Quark-Öl-Teig:
125 g Magerquark
1 TL Salz | 5 EL neutrales Öl
1 Ei (Größe M) | 225 g Mehl
1 gestrichener TL Backpulver
Außerdem:
Springform (28 cm Ø)
Fett für die Form
Mehl zum Arbeiten

*Keine Lust auf Pilze? Dann schneide 2 Paprikaschoten in Streifen und brate sie in 2 EL Olivenöl ca. 2 Min. bei starker Hitze unter Rühren.

1. Von den Pilzen die Stielenden abschneiden. Die Pilze mit feuchtem Küchenpapier sauber abreiben und in dünne Scheiben schneiden. Die Petersilie waschen und trocken schütteln, die Blättchen abzupfen und fein hacken. Den Knoblauch schälen und möglichst fein hacken. Zitronenschale heiß waschen, abtrocknen und in feine, nicht zu lange Streifen schneiden (s. oben links).

2. Die Butter in einer Pfanne erhitzen, die Pilze einrühren und bei starker Hitze unter Rühren ca. 2 Min. braten, bis die Flüssigkeit, die sich dabei bildet, wieder

Kein Brathähnchen gefunden?

Dann kannst Du stattdessen auch ca. 300 g rohes Hähnchenbrustfilet kaufen. Das Fleisch in mundgerechte Stücke schneiden und in 2 EL Olivenöl unter Rühren 3–5 Min. braten, bis es nicht mehr rötlich aussieht. Dann die Hähnchenfleischstücke leicht abkühlen lassen, bevor Du sie mit den vorbereiteten Pilzen mischst.

verdampft ist. Die Petersilie und den Knoblauch dazugeben und ganz kurz unterrühren und mitbraten. Der Knoblauch soll nicht braun werden, sonst schmeckt er bitter. Die Pfanne von der Kochstelle nehmen und die Pilze mit der Zitronenschale, Salz und Pfeffer würzen.

3. Das Hähnchen nach Belieben häuten, dann von den Knochen lösen, am besten mit den Fingern (s. oben rechts). Das Fleisch in mundgerechte Stücke schneiden und mit den Pilzen mischen. Die Crème fraîche mit zwei Dritteln vom Käse und den Eiern mit dem Schneebesen verrühren und mit der Hähnchen-Pilz-Mischung vermengen. Mit Salz und Pfeffer abschmecken.

4. Die Springform fetten. Den Backofen auf 200° vorheizen. Für den Teig den Quark mit dem Salz, dem Öl und dem Ei gut verrühren. Mehl mit Backpulver mischen. Die Hälfte davon unter den Teig rühren, den Rest unterkneten. Den Teig zu einer Kugel formen und auf wenig Mehl zu einer runden Teigplatte ausrollen. Den Teig in die Form legen und einen 3 cm hohen Rand formen (s. S. 12, 13).

5. Die Hähnchen-Pilz-Mischung auf dem Teig verteilen und mit dem restlichen Parmesan bestreuen. Die Quiche im heißen Ofen (Mitte) ca. 35 Min. backen, bis sie schön gebräunt sind.

6. Die Quiche aus dem Backofen nehmen, am besten noch 10 Min. ruhen lassen, dann in Stücke schneiden und gleich servieren. Zu dieser Ouiche schmeckt sehr gut ein Tomatensalat mit Rucola.

Hähnchen-Tomaten-Quiche

genial als Sommer-Snack

Zubereitungszeit: **ca. 40 Min.**
Kühlzeit: **ca. 1 Std.**
Backzeit: **ca. 35 Min.**
Pro Portion (bei 6): **ca. 555 kcal**

Für 4–6 Personen
Für den Mürbeteig:
225 g Mehl | 1 TL Salz
125 g kalte Butter in Würfeln
1 Ei (Größe M)
Für den Belag:
1 Zucchino (ca. 200 g)
2 EL Olivenöl | Salz | Pfeffer
300 g Cocktailtomaten
½ gebratenes Hähnchen (fertig gekauft; s. Info S. 86)
250 g Mozzarella
2 EL grüne oder schwarze Oliven ohne Stein
Außerdem:
Backpapier | Springform (28 cm Ø)

1. Aus dem Mehl, dem Salz, der gewürfelten Butter und dem Ei mit den Händen einen glatten Teig kneten. Den Teig zu einer Kugel formen, zwischen zwei Stücke Backpapier legen und zu einer runden Teigplatte ausrollen (s. S. 8, 9).

2. Die Springform mit dem Teig auskleiden, dabei einen 3 cm hohen Rand formen. Teig in der Form 1 Std. kühl stellen.

3. Inzwischen für den Belag den Zucchino waschen. Die Enden abschneiden. Zucchino in knapp 1 cm große Würfel schneiden. 1 EL Öl in einer Pfanne erhitzen, die Würfel darin bei starker Hitze unter Rühren ca. 2 Min. braten. Salzen, pfeffern und vom Herd ziehen.

4. Die Tomaten waschen und halbieren. Das Hähnchen mit der Haut von den Knochen lösen, am besten mit den Fingern. Das Fleisch in mundgerechte Stücke schneiden. Den Mozzarella fein würfeln.

5. Den Backofen auf 220° vorheizen. Die Zucchiniwürfel, die halbierten Tomaten, das Hähnchenfleisch und die Mozzarellawürfel mit den Oliven mischen und mit Salz und Pfeffer würzen.

6. Die Hähnchenmischung auf dem gekühlten Teig verteilen und mit dem übrigen Öl beträufeln. Die Quiche im heißen Ofen (Mitte) ca. 35 Min. backen, bis der Teig schön knusprig aussieht.

7. Die Hähnchen-Tomaten-Quiche herausnehmen, noch 10 Min. ruhen lassen, dann in Stücke schneiden und servieren. (Bei dieser Quiche musst Du unbedingt noch 10 Min. warten, sonst ist sie zu saftig und läuft aus).

AQUA MONA

Fisch-quiche mit Mangold

Fischquiche mit Mangold

ganz was Feines

Zubereitungszeit: **ca. 50 Min.**
Kühlzeit: **ca. 1 Std.**
Backzeit: **ca. 40 Min.**
Pro Portion (bei 6): **ca. 550 kcal**

Für 4–6 Personen
Für den Mürbeteig:
225 g Mehl | 1 TL Salz
125 g kalte Butter in Würfeln
1 Ei (Größe M)
Für den Belag:
400 g Mangold (mit möglichst viel Grün und wenig Stiel)
Salz | ½ Bio-Orange
400 g Fischfilet ohne Haut (z. B. Zander, Saibling oder Heilbutt)
2 TL Zitronensaft
250 g Crème fraîche
2 Eier (Größe M)
1 EL körniger Senf
Pfeffer
Außerdem:
Backpapier
Springform (28 cm Ø)
Pinzette*

* Die brauchst Du zum Entfernen der Gräten. Du findest sie bei den Schminksachen im Drogeriemarkt.

1. Aus dem Mehl, dem Salz, der gewürfelten Butter und dem Ei mit den Händen einen glatten Teig kneten. Den Teig zu einer Kugel formen, zwischen zwei Stücke Backpapier legen und zu einer runden Teigplatte ausrollen (s. S. 8, 9).

2. Die Springform mit dem Teig auskleiden, dabei einen 3 cm hohen Rand formen. Den Teig in der Form 1 Std. kühl stellen.

So schmeckt´s auch!

Du hast keinen Mangold bekommen? Dann kannst Du stattdessen auch Blattspinat nehmen. Vom frischen brauchst Du gut 500 g. Die Blätter verlesen, gründlich waschen und in kochendem Salzwasser ca. 1 Min. bei starker Hitze sprudelnd kochen lassen, bis sie zusammenfallen. Spinatblätter in ein Sieb abgießen, kalt abschrecken und gut ausdrücken. Oder aus dem Vorrat: 300 g tiefgekühlten Blattspinat nach der Angabe auf der Packung auftauen und statt dem Mangold verwenden.

3. Den Mangold waschen, die Blätter von den Stielen schneiden (s. oben links) und grob hacken, die Stiele in feine Streifen schneiden. In einem großen Topf reichlich Wasser zum Kochen bringen und salzen. Die Blätter und Stiele darin ca. 2 Min. bei starker Hitze sprudelnd kochen lassen. In ein Sieb abgießen, kalt abschrecken und abtropfen lassen.

4. Die Orangenhälfte heiß waschen und abtrocknen, die Schale fein abreiben und den Saft auspressen.

5. Das Fischfilet waschen und trocken tupfen. Mit den Fingerspitzen darüber fahren. Falls Gräten zu spüren sind, diese mit der Pinzette fassen und vorsichtig aus dem Fischfleisch ziehen (s. oben rechts). Das Fischfilet ca. 1 cm groß würfeln und mit der Orangenschale, dem Orangen- und dem Zitronensaft mischen.

6. Den Backofen auf 200° vorheizen. Die Crème fraîche mit den Eiern und dem Senf mit dem Schneebesen verrühren und mit Salz und Pfeffer abschmecken.

7. Den Mangold und den Fisch locker mischen, salzen, pfeffern und auf dem gekühlten Teig verteilen, die Creme gleichmäßig darübergeben.

8. Die Quiche im heißen Ofen (Mitte) ca. 40 Min. backen, bis der Teig schön knusprig und die Oberfläche leicht gebräunt ist. (Kräftig braun wird die Quiche nicht, da sie keinen Käse enthält.) Herausnehmen, am besten noch 10 Min. ruhen lassen, dann in Stücke schneiden und servieren. Dazu passt ein bunter Salat oder ein Tomaten-Gurken-Salat (s. S. 16).

N 5801
TRIANON

Quiche mit Gurke, Dill und Lachs

Quiche mit Gurke, Dill und Lachs

Hier steckt mal Wein statt Ei im Mürbeteig!

Zubereitungszeit: **ca. 45 Min.**
Kühlzeit: **ca. 1 Std.**
Backzeit: **ca. 40 Min.**
Pro Portion (bei 6): **ca. 595 kcal**

Für 4–6 Personen
Für den Mürbeteig:
250 g Mehl
1 TL Salz
100 g Butter
50 ml trockener Weißwein
Für den Belag:
1 kleinere Salatgurke (ca. 300 g)
Salz
1 großes Bund Dill
400 g Lachsfilet (am besten Bio-Lachs)
Pfeffer
frisch geriebene Muskatnuss
250 g Crème fraîche
2 TL Zitronensaft
2 Eier (Größe M)
Außerdem:
Backpapier
Springform (28 cm Ø)
Pinzette (s. Tipp S. 92)

1. Das Mehl mit dem Salz mischen. Die Butter in kleine Würfel schneiden und mit dem Wein und 50 ml eiskaltem Wasser dazugeben. Alles zu einem glatten geschmeidigen Teig verarbeiten. Den Teig zu einer Kugel formen, zwischen zwei Stücke Backpapier legen und zu einer runden Teigplatte ausrollen (s. S. 8, 9).

2. Die Springform mit dem Teig auskleiden, dabei einen 3 cm hohen Rand formen. Den Teig in der Form 1 Std. kühl stellen.

Warum und wieso...

...müssen manche Gemüse mit Salz gemischt werden? Salz entzieht dem Gemüse Wasser. Wenn die Sorten sehr viel davon enthalten wie beispielsweise Gurken, ist es sinnvoll, dass sie vorher einen Teil davon abgeben. Die Quiche wie auch andere Gerichte werden sonst zu feucht. Misch das Gemüse einfach in einer Schüssel mit 2 TL Salz und lass es ca. 10 Min. stehen. Das Wasser, das sich in der Zeit bildet, dann abgießen.

3. Inzwischen für den Belag die Gurke schälen und beide Enden abschneiden. Die Gurke der Länge nach halbieren und die Kerne mit einem Teelöffel herauskratzen (s. oben links). Die Gurkenhälften klein würfeln und in einer Schüssel mit 2 TL Salz mischen (s. Info). Die Gurkenwürfel ca. 10 Min. stehen lassen, bis sie Saft gezogen haben. Diesen Saft abgießen oder die Würfel in ein Sieb geben und den Saft abtropfen lassen.

4. Den Dill waschen und trocken schütteln. Die dicken Stiele abknipsen und die zarten Dillspitzen fein schneiden. Das Lachsfilet waschen und trocken tupfen. Mit den Fingerspitzen darüberfahren. Falls Gräten zu spüren sind, diese mit der Pinzette fassen und dann vorsichtig aus dem Fischfleisch ziehen.

5. Das Lachsfilet in knapp 1 cm große Würfel schneiden. Lachs, Gurkenwürfel und Dill mischen (s. oben rechts) und mit Salz, Pfeffer und Muskat abschmecken.

6. Den Backofen auf 200° vorheizen. Die Crème fraîche mit dem Zitronensaft und den Eiern mit dem Schneebesen verrühren und mit Salz und Pfeffer würzen. Die Lachsmischung auf dem gekühlten Teig verteilen und die Eiermischung gleichmäßig daraufgeben.

7. Die Quiche im heißen Ofen (Mitte) ca. 40 Min. backen, bis die Oberfläche leicht gebräunt und der Teig schön knusprig ist. Herausnehmen, am besten noch 10 Min. ruhen lassen, dann in Stücke schneiden und servieren.

RATZFATZ IM OFEN

Blätterteig-quiche

für Überraschungsgäste

Zubereitungszeit: **ca. 15 Min.**
Backzeit: **ca. 20 Min.**
Pro Portion (bei 6): **ca. 415 kcal**

Für 4–6 Personen
1 fertig ausgerollter runder Blätterteig (ca. 32 cm Ø)
½ Bund Petersilie
125 g Mozzarella
150 g gekochte Schinkenwürfel*
Salz | Pfeffer
200 g Sahne
2 Eier (Größe M)
50 g frisch geriebener Parmesan
Außerdem:
Springform (28 cm Ø)

* Du kannst auch den Schinken durch 100 g getrocknete, in Öl eingelegte Tomaten, entsteinte Oliven oder gegrillte Paprika aus dem Glas, jeweils fein gewürfelt, ersetzen.

1 Den Blätterteig aus dem Kühlschrank nehmen. Bei Zimmertemperatur wird er geschmeidiger, lässt sich mit dem Papier besser abrollen. Alle Zutaten bereitstellen.

2 Petersilie waschen und trocken schütteln, die Blättchen fein hacken. Mozzarella fein würfeln und mit den Schinkenwürfeln, der Petersilie, Salz und Pfeffer mischen.

Den Backofen auf 220° vorheizen. Den Teig vorsichtig abrollen, mit dem Backpapier in die Form legen und einen ca. 2 cm hohen Rand formen. Das überstehende Papier einfach mit einer Schere abschneiden.

Den Teig mit einer Gabel mehrmals einstechen. So geht er beim Backen gleichmäßig auf, und es bilden sich auch keine großen Blasen im Teigboden.

Zum Verrühren den Schneebesen nehmen!

Die Sahne mit den Eiern und dem Parmesan verrühren, salzen und pfeffern. Die Schinkenmischung auf dem Teig verteilen. Die Eiermischung gleichmäßig darübergeben.

Die Quiche im heißen Ofen (unten) ca. 20 Min. backen, bis der Belag leicht gebräunt ist und der Teig schön knusprig aussieht. Herausnehmen, nur kurz stehen lassen, dann in Stücke schneiden.

Schnell, schneller, Quiche!

WIE VON DER FEE GELIEFERT: FERTIGTEIGE

* **Blätterteig:** Den findest Du im Kühlregal auf Backpapier fertig ausgerollt. Vorratsfreundlich sind TK-Teigplatten. Die lässt Du unter einem Küchentuch – damit sie nicht trocken werden – in ca. 20 Min. auftauen. Dann übereinander stapeln und ausrollen. In die Form legen (Backpapier drunterpacken), zuschneiden, belegen, backen.
* **Pizzateig:** Gibt's im Kühlregal im Supermarkt in eckiger und runder Version. Für die Quiches nimmst Du am besten runden Pizzateig.
* **Strudel-, Filo- oder Yufkateig:** Den hauchdünnen Teig gibt es beim Türken, Griechen und in manchen Supermärkten (in der Kühltheke oder im Regal bei den Spezialitäten). Blätter vorsichtig auseinanderlösen und je nach Größe auch noch zuschneiden.

AHA! EIN PAAR TEIG-TIPPS

* **Blätterteig** hat eine kurze Backzeit und mag deshalb am liebsten eher dünne Beläge und Zutaten, die nur heiß und nicht mehr gar werden müssen.
* **Pizzateig** kann – wie Quark-Öl-Teig – ein bisschen Flüssigkeit vertragen. Wer bei den Rezepten in den ersten beiden Kapiteln etwas Gas geben möchte, kann immer dort Pizzateig nehmen, wo eigentlich ein Quark-Öl-Teig geknetet wird.
* **Strudel-, Yufka- und Filoteig** sind die dünnen und fixen Flexiblen: Sie schmecken mit nur wenigen Zutaten, aber auch mal mit einem dickeren Belag.

GUT UND SCHNELL AUS DEM SUPERMARKT

Alles, was schon gegart ist und/oder nur auftauen muss, ist ideal für schnelle Quiches. Aber nicht alles schmeckt auch gut. Hier ein paar Tipps für empfehlenswerte fixe Zutaten:

* **In der Gemüseabteilung** findest Du gegarte Rote Beten, in Folie verschweißt.
* **Im Regal** im Glas gibt es eingelegte Spezialitäten: gegrillte gehäutete Paprika, Artischockenherzen oder -böden, Oliven und getrocknete Tomaten. **In der Dose** werden Thunfisch im eigenen Saft und geschälte, stückige Tomaten angeboten.
* **In der Tiefkühltruhe:** TK-Erbsen, TK-Maiskörner, gehackte TK-Kräuter, TK-Spinat, TK-Lauchringe.

Und noch ein paar kleine Zeit-spar-Tricks!

SELBER FÜR VORRAT SORGEN

* **Käse** schmeckt frisch gerieben viel besser. Wenn Du aber oft Quiche machst, kannst Du eine größere Menge frisch reiben und gleich anschließend 100-g-weise in Gefrierbeuteln in den Kälteschlaf schicken. Der Käse bleibt so einige Monate frisch und kann gefroren unter die Eier gemischt werden.
* **Frische Kräuter** sind vor allem im Sommer voller Aroma. Am besten gleich ein großes Bund kaufen und Kräuterblättchen, die übrig bleiben, waschen, trocken schütteln oder tupfen, fein hacken und in kleinen Gefrierdosen oder –beuteln einfrieren.
* **Fertig gekaufte ausgerollte Teige** musst Du nicht unbedingt gleich verwenden, Du kannst sie, wie sie sind, einfrieren. Meist steht auf der Verpackung sogar, wie lang das möglich ist.

Käsequiche

schnell aus dem Vorrat gezaubert

Zubereitungszeit: **ca. 20 Min.**
Backzeit: **ca. 30 Min.**
Pro Portion (bei 6): **ca. 605 kcal**

Für 4–6 Personen
1 fertig ausgerollter runder Blätterteig (ca. 32 cm Ø)
400 g Greyerzer oder anderer würziger Käse*
3 Eier (Größe M)
200 g Sahne
200 ml Milch
Salz
Pfeffer
1 TL rosenscharfes Paprikapulver
Außerdem:
Springform (28 cm Ø)

*Mit der Wahl des Käses bestimmst Du entscheidend den Geschmack dieser Quiche: Eher mild-aromatisch wird sie mit mittelaltem Gouda oder Emmentaler, kräftiger mit nicht zu altem Bergkäse oder jungem Manchego, und richtig würzig schmeckt sie mit den Schweizern Appenzeller und Greyerzer.

1. Den Blätterteig aus dem Kühlschrank nehmen. Für den Belag den Käse ohne Rinde auf der Rohkostreibe grob raspeln.

2. Den Backofen auf 220° vorheizen. Die Eier mit der Sahne und der Milch mit dem Schneebesen verrühren und mit wenig Salz, Pfeffer und Paprika abschmecken. Die Käseraspel untermischen.

3. Den Teig vorsichtig abrollen, mit dem Papier nach unten in die Form legen und einen ca. 2 cm hohen Rand formen. Das überstehende Papier abschneiden. Teig mit einer Gabel mehrmals einstechen.

4. Die Käsemischung auf dem Teig verteilen. Die Quiche im heißen Ofen (Mitte) ca. 30 Min. backen, bis sie schön gebräunt ist. Herausnehmen, am besten noch 10 Min. ruhen lassen, dann in Stücke schneiden und servieren, z. B. mit einem Salat à la saison (s. S. 16, 17).

SALZ

Kräuterfrischer Auftakt fürs mediterrane Menü!

Ricotta-Kräuter-Quiche

mit frischen Sommerkräutern wunderbar aromatisch

Zubereitungszeit: **ca. 20 Min.**
Backzeit: **ca. 20 Min.**
Pro Portion (bei 6): **ca. 470 kcal**

Für 4–6 Personen
1 fertig ausgerollter runder Blätterteig (ca. 32 cm Ø)
je 8 Zweige Oregano und Thymian
1 kleines Bund Petersilie
je 2 Zweige Rosmarin und Salbei*
1 EL Olivenöl
150 g Parmesan
500 g Ricotta
3 Eier (Größe M)
Salz
Pfeffer
Außerdem:
Springform (28 cm Ø)

* Mit frischen Kräutern ist der Belag besonders gut. Ersatzweise kannst Du auch 1 Päckchen gemischte TK-Kräuter nehmen, am besten eine italienische Mischung oder TK-Kräuter der Provence.

1. Den Blätterteig aus dem Kühlschrank nehmen. Für den Belag die Kräuter waschen und trocken schütteln, die Blättchen bzw. die Nadeln abzupfen bzw. abstreifen und fein hacken.

2. Das Öl in einer kleinen Pfanne bei mittlerer Hitze warm werden lassen.

3. Kräuter einrühren und 1–2 Min. erhitzen, bis sie zusammenfallen, dabei immer weiter rühren. Pfanne vom Herd ziehen.

4. Den Backofen auf 220° vorheizen. Den Teig vorsichtig abrollen, mit dem Papier nach unten in die Form legen und einen ca. 2 cm hohen Rand formen. Überstehendes Papier abschneiden. Den Teig mit einer Gabel mehrmals einstechen.

5. Den Parmesan fein reiben. Den Ricotta mit den Eiern und dem Parmesan mit dem Schneebesen gründlich verrühren und mit Salz und Pfeffer würzen. Die Kräuter untermischen.

6. Ricottamischung auf dem Teig verteilen. Die Quiche im heißen Ofen (Mitte) ca. 20 Min. backen, bis der Belag schön gebräunt ist. Herausnehmen, kurz stehen lassen, dann in Stücke schneiden und servieren. Dazu schmeckt ein Salat, z. B. ein einfacher Gurkensalat.

Käse-Trauben-Quiche

die Herbstquiche für Traubenfans

Zubereitungszeit: **ca. 40 Min.**
Backzeit: **ca. 20 Min.**
Pro Portion (bei 6): **ca. 470 kcal**

Für 4–6 Personen
40 g Butter
ca. 250 g Strudel-, Yufka- oder Filoteigblätter (Kühlregal)
je 150 g blaue und grüne Weintrauben
300 g würziger Bergkäse (z. B. Comté oder Greyerzer)
2 Eier (Größe M)
Salz
Pfeffer
100 ml trockener Weißwein (ersatzweise ungesüßter heller Traubensaft)
4 EL Sonnenblumenkerne
Außerdem:
Springform (28 cm Ø)

1. Die Butter in einem kleinen Topf bei mittlerer Hitze zerlassen. Sie soll dabei aber nicht bräunen.

2. Die Form mit etwas Butter ausstreichen. Die Teigblätter aus der Packung nehmen und vorsichtig auseinanderlösen. Größere Blätter in Formgröße zuschneiden. Die Form mit den Blättern auskleiden, dabei die Blätter einzeln einlegen und jeweils mit Butter bestreichen.

3. Den Backofen auf 220° vorheizen. Die Trauben waschen und halbieren, die Kerne mit der Messerspitze aus dem Fruchtfleisch lösen. Die Trauben auf den Teigblättern verteilen.

4. Ein kleines Stückchen Käse fein reiben. (Es soll ca. 2 EL Käse ergeben.) Den restlichen Käse sehr klein würfeln und auf die Trauben streuen.

5. Die Eier mit dem geriebenen Käse, Salz, Pfeffer und dem Wein mit dem Schneebesen verrühren und auf den Trauben und den Käsewürfeln verteilen. Die Sonnenblumenkerne darüberstreuen.

6. Die Quiche im heißen Ofen (Mitte) ca. 20 Min. backen, bis die Oberfläche schön gebräunt und der Teig gut knusprig ist. Herausnehmen, kurz stehen lassen und servieren, z. B. mit einem Feldsalat mit Kernöl (s. S. 17).

Erbsen-Wurst-Quiche

feines Fastfood für daheim

Zubereitungszeit: **ca. 20 Min.**
Backzeit: **ca. 20 Min.**
Pro Portion (bei 6): **ca. 415 kcal**

Für 4–6 Personen
1 fertig ausgerollter runder Blätterteig (ca. 32 cm Ø)
400 g rohe Bratwürste
½ TL getrockneter Thymian
200 g stückige Tomaten (Dose)*
300 g TK-Erbsen
Salz | Pfeffer
Außerdem:
Springform (28 cm Ø)

*Die Quiche kannst Du im Sommer auch mit frischen Tomaten machen. Die dann aber unbedingt häuten (d. h. mit kochendem Wasser überbrühen, kalt abschrecken und die Haut abziehen) und entkernen. Tomaten dafür halbieren und dann etwas zusammen drücken, die Kerne mit dem Messer abstreifen.

1. Den Blätterteig aus dem Kühlschrank nehmen. Die Wurstmasse aus der Haut drücken und in kleine Stücke teilen.

2. Den Backofen auf 220° vorheizen. Den Teig vorsichtig abrollen, mit dem Papier nach unten in die Form legen und einen ca. 2 cm hohen Rand formen. Überstehendes Papier abschneiden. Den Teig mit einer Gabel mehrmals einstechen.

3. Den Thymian zwischen den Fingerspitzen leicht zerreiben, die Tomaten sehr gut abtropfen lassen. Beides mit den gefrorenen Erbsen zur Wurst geben. Alles mit Salz und Pfeffer abschmecken und mit einer Gabel gründlich mischen bzw. fast kneten, bis die Masse gebunden ist.

4. Die Wurstmischung gleichmäßig auf dem Teig verteilen. Die Quiche im heißen Ofen (unten) ca. 20 Min. backen, bis die Wurst gegart und der Teig schön braun ist. Herausnehmen, kurz stehen lassen, dann in Stücke schneiden und servieren.

So schmeckt's auch!

Mit italienischer roher Bratwurst (Salsiccia), getrockneten und leicht zerstoßenen Fenchelsamen und 1 fein gewürfelten Fenchelknolle statt Erbsen wird die Quiche so richtig italienisch. Einfach alles mit den Tomaten mischen (wer mag, würfelt zusätzlich noch 4 getrocknete, in Öl eingelegte Tomaten), auf dem Teig verteilen und wie beschrieben backen.

Paprika-Sardellen-Quiche

Konkurrenz für die Lieblingspizza

Zubereitungszeit: **ca. 20 Min.**
Backzeit: **ca. 20 Min.**
Pro Portion (bei 4): **ca. 405 kcal**

Für 2–4 Personen
1 fertig ausgerollter runder Pizzateig (ca. 28 cm Ø, 270 g, Kühlregal)
500 g gegrillte, gehäutete Paprika (aus dem Glas)*
5 in Öl eingelegte Sardellenfilets
2 TL gehackte TK-Kräuter (Basilikum oder Petersilie)
Salz
Pfeffer
250 g Mozzarella
Außerdem:
Springform (28 cm Ø)

* Es lohnt sich, nicht die allerbilligsten zu nehmen. Die sind nämlich oft recht sauer. Am besten schmecken Antipasti-Paprikaschoten vom Italiener. Sie sind gehäutet und in Öl eingelegt.

1. Den Teig noch etwas größer ausrollen. Die Form damit auslegen und dabei einen ca. 2 cm hohen Rand hochziehen. Überstehendes Papier abschneiden.

2. Den Backofen auf 220° vorheizen. Die Paprika abtropfen lassen und würfeln. Die Sardellen abtropfen lassen und fein schneiden. Mit den Kräutern unter die Paprika mischen und alles mit Salz und Pfeffer würzen. Den Mozzarella in kleine Würfel schneiden.

3. Die Paprikamischung auf dem Teig verteilen und mit dem Mozzarella bestreuen. Die Quiche im heißen Ofen (Mitte) ca. 20 Min. backen, bis der Käse zerlaufen und der Teig schön gebräunt ist. Herausnehmen, kurz stehen lassen, in Stücke schneiden und servieren.

So schmeckt's auch!

Vielleicht gehörst Du zu den Leuten, die keine Sardellen mögen? Ersetze sie dann einfach durch Oliven, getrocknete, in Öl eingelegte Tomaten und/oder kleine Kapern.

P

Rote-Bete-Gorgonzola-Quiche

raffiniert und schnell gezaubert

Zubereitungszeit: **ca. 20 Min.**
Backzeit: **ca. 20 Min.**
Pro Portion (bei 6): **ca. 425 kcal**

Für 4–6 Personen
1 fertig ausgerollter runder Blätterteig (ca. 32 cm Ø)
500 g gegarte Rote Beten (Kühlregal, in Folie eingeschweißt)*
50 g Walnusskerne
Salz
Pfeffer
Chiliflocken (nach Belieben)
250 g Gorgonzola
2 EL Olivenöl
Außerdem:
Springform (28 cm Ø)

*Natürlich kannst Du die Roten Beten auch selber garen. Dazu die Knollen waschen und mit der Schale in Wasser je nach Größe 45–60 Min. kochen, abkühlen lassen und häuten.

1. Den Teig aus dem Kühlschrank nehmen. Die Roten Beten erst in ca. 1 cm dicke Scheiben, dann in ebenso breite Stifte schneiden. Sehr lange Stücke am besten noch einmal teilen.

2. Die Walnusskerne mit den Fingern in kleine Stücke brechen. Den Backofen auf 220° vorheizen. Den Teig vorsichtig abrollen, mit dem Papier nach unten in die Form legen und dabei einen ca. 2 cm hohen Rand formen. Das überstehende Papier abschneiden. Den Teig mit einer Gabel mehrmals einstechen.

3. Die Roten Beten mit den Nüssen mischen und mit Salz, Pfeffer und nach Belieben Chiliflocken abschmecken. Das Gemüse auf dem Teig verteilen. Den Gorgonzola in kleine Würfel schneiden, am besten mit einem feuchten Messer (dann klebt der weiche Käse nicht so sehr daran). Die Käsewürfel auf dem Gemüse verteilen. Das Olivenöl darüberträufeln.

4. Die Quiche im heißen Ofen (unten) ca. 20 Min. backen, bis der Käse zerlaufen und der Teig schön gebräunt ist. Herausnehmen, kurz stehen lassen, in Stücke schneiden und servieren, z. B. mit einem Feldsalat mit Kernöl (s. S. 17).

Artischockenquiche

Die werden nicht nur Veggies lieben!

Zubereitungszeit: **ca. 30 Min.**
Backzeit: **ca. 25 Min.**
Pro Portion (bei 6): **ca. 415 kcal**

Für 4–6 Personen
ca. 250 g Strudel-, Yufka- oder Filoteigblätter (Kühlregal)
40 g Butter
400 g Artischockenherzen oder -böden (aus dem Glas)
125 g Mozzarella
1 EL Crème fraîche, Ricotta, Quark oder Mascarpone
2 TL Pesto (aus dem Glas)
Salz
Pfeffer
½ Bio-Zitrone
½ Bund Petersilie
50 g altbackenes Weißbrot
40 g Pinienkerne
4 EL frisch geriebener Parmesan
5 EL Olivenöl
Außerdem:
Springform (28 cm Ø)

1. Die Butter in einem kleinen Topf bei mittlerer Hitze zerlassen. Sie soll dabei aber nicht bräunen. Die Form mit etwas Butter ausstreichen.

2. Die Teigblätter aus der Packung nehmen und vorsichtig auseinanderlösen. Größere Blätter in Formgröße zuschneiden. Die Form mit den Blättern auskleiden, dabei die Blätter einzeln einlegen und jeweils mit Butter bestreichen.

3. Die Artischocken abtropfen lassen und in ca. 1 cm große Würfel schneiden. Den Mozzarella klein würfeln. Die Artischocken mit dem Mozzarella, der Crème fraîche und dem Pesto verrühren und mit Salz und Pfeffer abschmecken. Die Mischung auf dem Teig verteilen.

4. Den Backofen auf 200° vorheizen. Die Zitronenhälfte heiß waschen und abtrocknen, die Schale fein abreiben. Die Petersilie waschen und trocken schütteln, die Blättchen abzupfen und fein hacken. Das Brot in kleine Stücke krümeln und mit der Zitronenschale, der Petersilie, den Pinienkernen, dem Käse und dem Öl mischen. Salzen, pfeffern und auf den Artischocken verteilen.

5. Die Quiche im heißen Ofen (unten) ca. 25 Min. backen, bis die Brotmischung und der Teig schön braun und knusprig sind. Herausnehmen, kurz stehen lassen, in Stücke schneiden und servieren.

Dazu passt wunderbar Tomatensalat!

Quark-Krabben-Quiche

leicht und lecker – mit schönen Grüßen von der Nordsee

Zubereitungszeit: **ca. 20 Min.**
Backzeit: **ca. 25 Min.**
Pro Portion (bei 6): **ca. 290 kcal**

Für 4–6 Personen
1 fertig ausgerollter runder Blätterteig (ca. 32 cm Ø)
250 g Nordseekrabben*
½ Bund Dill oder 1 kleine Handvoll Kerbel
350 g Magerquark
50 g Sahne
3 Eigelb
2 TL frisch geriebener Meerrettich (ersatzweise aus dem Glas)
ein paar Tropfen Tabascosauce
Salz
Außerdem:
Springform (28 cm Ø)

*Nordseekrabben sind die kleinsten, feinsten und leider auch teuersten unter den Krabben. Das liegt daran, dass das »Pulen« so viel Arbeit macht. Wenn Du keine bekommst oder sparen möchtest, nimm Garnelen, am besten Kaltwassergarnelen.

1. Den Teig aus dem Kühlschrank nehmen. Die Krabben abtropfen lassen. Den Dill oder den Kerbel waschen und trocken schütteln. Die dicken Stiele abknipsen und die Kräuter fein schneiden.

2. Den Backofen auf 220° vorheizen. Den Teig vorsichtig abrollen, mit dem Papier nach unten in die Form legen und einen ca. 2 cm hohen Rand formen. Überstehendes Papier abschneiden. Den Teig mit einer Gabel mehrmals einstechen.

3. Den Quark mit der Sahne, den Eigelben und dem Meerrettich mit dem Schneebesen verrühren. Mit Tabasco und Salz abschmecken. Die Krabben und den Dill oder Kerbel untermischen.

4. Die Krabben-Quark-Mischung auf dem Teig verteilen. Die Quiche im heißen Ofen (unten) ca. 25 Min. backen, bis der Teig knusprig und die Oberfläche leicht gebräunt ist. Herausnehmen, kurz stehen lassen, in Stücke schneiden und servieren. Dazu schmeckt ein Salat, z. B. ein Kopfsalat mit Radieschen (s. S. 16).

Tomatenquiche mit Mozzarella

So einfach und soooo lecker!

Zubereitungszeit: **ca. 30 Min.**
Backzeit: **ca. 25 Min. insgesamt**
Pro Portion (bei 4): **ca. 600 kcal**

Für 2–4 Personen
1 Dose stückige Tomaten (400 g)
100 g durchwachsener Räucherspeck in dünnen Scheiben
2 kleinere weiße Zwiebeln
2 Knoblauchzehen
1 TL getrockneter Oregano
½ TL Chiliflocken
Salz | 1 Prise Zucker
1 fertig ausgerollter runder Pizzateig (ca. 28 cm Ø, 270 g, Kühlregal)
1 Ei (Größe M)
50 g frisch geriebener Parmesan
250 g Mozzarella
1 EL Olivenöl
Außerdem:
Springform (28 cm Ø)

1. Ein feines Sieb über eine Schüssel hängen. Die Tomaten aus der Dose hineingießen und gut abtropfen lassen. Vom Speck die Schwarte abschneiden. Den Speck in feine Streifen schneiden, alle Knorpel dabei herausschneiden. Die Zwiebeln und den Knoblauch schälen und sehr fein hacken.

2. Die Tomaten mit den Speckstreifen, den Zwiebeln und dem Knoblauch mischen. Den Oregano zwischen den Fingerspitzen leicht zerreiben und unterrühren. Die Tomaten-Mischung mit Chili, Salz und dem Zucker abschmecken.

3. Den Backofen auf 220° vorheizen. Den Pizzateig noch etwas größer ausrollen. Die Form damit auslegen und dabei einen ca. 2 cm hohen Rand hochziehen. Überstehendes Papier abschneiden.

4. Die Tomaten mit dem Ei und dem Parmesan mischen und auf dem Teig verteilen. Die Quiche im heißen Ofen (Mitte) ca. 15 Min. backen.

5. Inzwischen den Mozzarella in dünne Scheiben schneiden. Nach 15 Min. Backzeit auf der Tomatenmischung verteilen und mit dem Öl beträufeln.

6. Alles nochmals ca. 10 Min. backen, bis der Mozzarella zerlaufen und der Teig schön gebräunt ist. Herausnehmen, nur ganz kurz stehen lassen, dann in Stücke schneiden und servieren. Dazu passt ein Salat, z. B. ein Rucolasalat.

Pizza oder Quiche?
Hier die
Lösung für
Unentschiedene ...

Thunfischquiche mit Frühlingszwiebeln

schön würzig

Zubereitungszeit: **ca. 25 Min.**
Backzeit: **ca. 20 Min.**
Pro Portion (bei 4): **ca. 430 kcal**

Für 2–4 Personen
1 Bund Frühlingszwiebeln
2 Dosen Thunfisch im eigenen Saft
1 EL kleine Kapern
1 fertig ausgerollter runder Pizzateig (ca. 28 cm Ø, 270 g, Kühlregal)
125 g Mozzarella*
100 g Crème fraîche
2 TL Zitronensaft
Salz
Pfeffer
2 EL frisch geriebener Parmesan
1 EL Olivenöl
Außerdem:
Springform (28 cm Ø)

*Büffel- oder Kuhmilchmozzarella? Wird der Käse wie hier erhitzt, ist ganz klar Kuhmilchmozzarella die bessere Wahl. Denn Büffelmozzarella enthält mehr Flüssigkeit und macht die Quiche leicht zu feucht.

1. Von den Frühlingszwiebeln die Wurzelbüschel und die welken grünen Teile abschneiden. Die Zwiebeln waschen und in feine Ringe schneiden. Den Thunfisch abtropfen lassen und mit zwei Gabeln in kleine Stücke zupfen. Die Kapern ebenfalls abtropfen lassen.

2. Den Backofen auf 220° vorheizen. Den Pizzateig noch etwas größer ausrollen. Die Form damit auslegen und dabei einen ca. 2 cm hohen Rand hochziehen. Überstehendes Papier abschneiden.

3. Den Mozzarella in kleine Würfel schneiden. Die Thunfischstückchen mit den Frühlingszwiebeln, den Kapern, dem Mozzarella und der Crème fraîche verrühren und mit dem Zitronensaft, Salz und Pfeffer abschmecken.

4. Die Thunfischmischung auf dem Teig verteilen, den Parmesan darüberstreuen und mit dem Öl beträufeln. Die Quiche im heißen Ofen (unten) ca. 20 Min. backen, bis die Füllung leicht gebräunt und der Teig schön knusprig ist. Herausnehmen, nur ganz kurz stehen lassen, dann in Stücke schneiden und servieren.

Damit Du Rezepte schnell findest, sind in diesem Register auch beliebte Hauptzutaten wie Auberginen oder Hackfleisch alphabetisch eingeordnet und hervorgehoben. Darunter oder daneben findest Du das Rezept Deiner Wahl. Vegetarische Rezepte sind grün abgesetzt.

Konzept und Projektleitung: Alessandra Redies
Lektorat: Susanne Bodensteiner
Korrektorat: Susanne Elbert
Layout, Typografie und Umschlaggestaltung: independent Medien-Design, Horst Moser, München
Illustrationen: Julia Hollweck
Herstellung: Petra Roth
Satz: Marion Feldmann
Reproduktion: medienprinzen GmbH, München
Druck und Bindung: PRINTER TRENTO S.r.l., Trento
Syndication: www.jalag-syndication.de
ISBN 978-3-8338-4002-9
1. Auflage 2014

www.facebook.com/gu.verlag

Die Autorin

Cornelia Schinharl hat ihre Liebe zum Essen und Trinken zum Beruf gemacht. Seit vielen Jahren bringt sie ihren reichen Erfahrungsschatz als freie Food-Journalistin und Kochbuchautorin zu Papier und hat für ihre Bücher schon zahlreiche Auszeichnungen bekommen.

Die Fotografin

Coco Lang fotografiert Food und Stills in München. Die Quiche-Rezepte hat sie mit Foodstylist Sven Dittmann und Assistentin Alina Neumeier in Szene gesetzt.

Backofenhinweis

Die Backzeiten können je nach Herd variieren. Die Temperaturangaben in diesem Buch beziehen sich auf das Backen im Elektroherd mit Ober- und Unterhitze und können bei Gasherden oder Backen mit Umluft abweichen. Details entnehmen Sie bitte der Gebrauchsanweisung für Ihren Herd.

QUALITÄTS G|U GARANTIE

Liebe Leserin, lieber Leser,

haben wir Ihre Erwartungen erfüllt? Sind Sie mit diesem Buch zufrieden? Haben Sie weitere Fragen zu diesem Thema? Wir freuen uns auf Ihre Rückmeldung, auf Lob, Kritik und Anregungen, damit wir für Sie immer besser werden können.

GRÄFE UND UNZER Verlag
Leserservice
Postfach 86 03 13
81630 München
E-Mail:
leserservice@graefe-und-unzer.de

Telefon: 00800 / 72 37 33 33*
Telefax: 00800 / 50 12 05 44*
Mo–Do: 8.00–18.00 Uhr
Fr: 8.00–16.00 Uhr
(gebührenfrei in D, A, CH)*

Ihr GRÄFE UND UNZER Verlag
Der erste Ratgeberverlag – seit 1722.

GRÄFE UND UNZER

Ein Unternehmen der
GANSKE VERLAGSGRUPPE